U0111715

大展好書　好書大展
品嘗好書　冠群可期

大展好書　好書大展
品嘗好書　冠群可期

中華傳統武術
28

郭氏八卦掌

郭振亞／郭浩 著

大展出版社有限公司

八卦掌祖師董海川

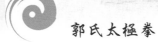

劉寶珍宗師

郭孟申又名子平（郭氏八卦第一代傳人）

作者像

郭振亞與師兄王樹田合影

郭振亞與部分弟子徒孫參加比賽後合影

郭孟申又名郭子平與弟子合影

郭振亞與河北部分弟子合影

郭振亞與四川部分弟子合影

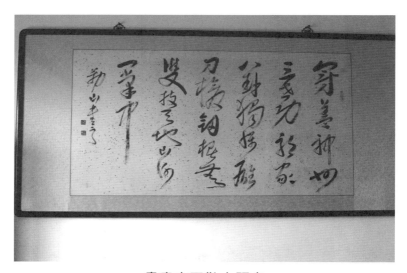

書畫家王勤山題字

雜誌對郭振亞的報導

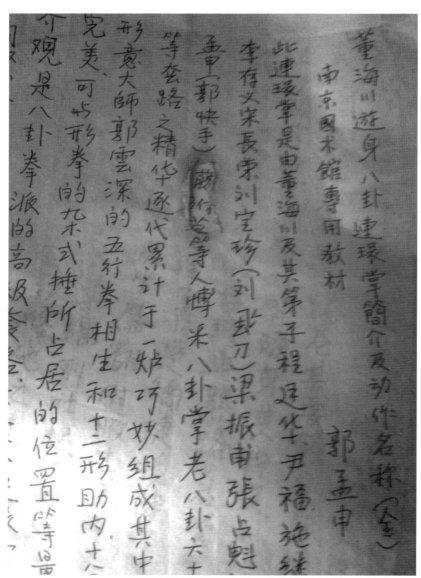

董海川遊身八卦連環掌簡介及动作名稱（全）

南京國术館專用教材　　郭孟申

此連環掌是由董海川及其弟子程廷华、尹福施继

李存义宗長荣刘宝珍（刘武刃）梁振甫張占魁

孟申（郭快手）（勝任善等人博采八卦掌老八卦六十

等套路之精华逐代累计于一炉巧妙组成其中

形意大师郭雲深的五行拳相生和十二形助内十

完美、可把形拳的架式捶所占居的位置等當

介观是八卦拳派的高级参

郭孟申字（子平）在南京國術館時期
編寫的八卦掌專用教材（樣本）

16

前　言

　　中華武術源遠流長，種類繁多，各有特色，具有深厚的文化底蘊，有很高的健身價值和較高的技擊價值。各行各業習武頗多，湧現出豐富多彩的武術表現形式和技擊特點，形成風格各異的武術流派。

　　八卦掌是武術百花園中的一朵奇葩，它取象於物，心在內而理周於物，物在外而理具於心，其變化無窮，剛柔相濟，虛實兼備，攻守合一，千變萬化。一旦豁然貫通則能變有法為無法，做到隨心所欲，心有所感皆能為我所用，勁變之處皆現巧妙之法。

　　古代習武是為了戰敗對手，制服對方，保家護國。現代習武是為了強身健體，繼承傳統文化。習武者吸收武術之精髓，增強文通武備之素養，享受練功之樂。技擊上以武德為先，武術沒有破不了的招數，只有破不了的勁道，在繼承傳統的基礎上創新發展，注入新的生機，武術才有生命力。天下武術是一家，希望能有更多的人透過八卦身心雙修，身體臟腑同時鍛鍊，以達到強身健體的目的。

　　八卦掌是內功拳法三絕之一，郭氏八卦掌，又稱陰陽雙重轉換八卦掌，是一種以掌法變換和行步走轉為主的拳術，由於它運動時縱橫交錯，分為四正四隅八個方位，

與《周易》八卦圖中的卦象相合，故名八卦掌。其歷史源遠流長，自前清董公海川首傳，至今已二百多年，董公因材施教，門下弟子各具所長，傳本門祖師劉寶珍八樁、八式、八卦掌、九宮掌、八卦徒手對練、八卦器械對練、八卦刀、八卦劍、八卦棍、八卦雙頭蛇等。內容十分豐富，既有徒手套路，又有器械套路；既有單練，又有對練；既有成套拳法練習，又有單操功夫練習，形成一套完整獨特的武術體系。

余自幼酷好武藝，尤喜八卦掌，經過刻苦練功、細心揣摩，對八卦掌技術內涵頗有心得。為了回應國家非物質文化遺產工作政策，深入對傳統八卦掌的挖掘、整理，使中國武術更好地走向世界，造福於全人類，現將郭氏八卦掌整理出版，以期對武術運動的發展有所裨益，達到拋磚引玉的目的。

本人經過數十年的練功體會，毫無保留地奉獻給武術愛好者。

但是，由於筆者學識淺薄，加上時間倉促，錯誤缺點難免，懇望武林同道和讀者批評指正。

郭振亞　北京謹識
癸巳年秋於固安

目　錄

第二部分　八卦刀

第三部分　八卦劍

第四部分　八卦雙頭蛇

第五部分　八卦棍

附　錄

後　記

第一部分

八卦掌

緒 論

第一節　八卦掌之淵源初探

八卦掌技術內容豐富，理論體系完整，具有很好的健身作用和很高的技擊價值。其流傳廣泛，深受人民群眾的喜愛，是我國武壇一枝奇葩。

然八卦掌始於何時？為何人所創？歷來沒有一個較為系統和可靠的文字記載。近來更是眾說紛紜，各抒己見。

至清咸豐年間，又有河北省文安縣城南廿五裡朱家塢村人董海川（1797～1882），人多稱之為董老公，在北京肅王府當差，並傳授八卦掌，自此八卦掌開始在北京廣為流傳。關於董海川所習八卦掌之來源，各有其說。

一說，董海川自幼喜習武功，膂力過人，精於各種拳械，以武勇名鄉里，性豪爽，喜交遊，任俠尚義。雖然技藝愈來愈精，但董海川對自己的武藝並不滿足，為了探求各家拳法之奧秘，求得上乘之功夫，便辭別雙親，遍遊中國名山大川，尋師訪友，切磋武藝。

一日，來到江南雪花山（有稱九華山、榭花山）迷失方向誤入亂山中，遇一小道童習技於樹林之中。因董海

川大喜，故上前與小道人交手試其武功高下，竟被小道人連連擊倒三次，始服，即拜於道人之師碧燈霞（有稱雲盤道長）為師學武，授之道門八卦掌拳械，以及練氣導神之法。

碧燈霞云：「吾術以轉體為本，以拳械為用，學而習之參之，功造其極，可獨善其體而無敵於天下。」董海川遂盡其道而學之，朝夕演練，不遺餘力，數年藝乃大成而返，每與人交手皆無敵。

又一說，董海川遊巴蜀，在峨眉山後山遇一老道長習武於松林間，只見老道轉身換步輕靈迅捷，恰似行雲流水，穿掌走勢，陰陽轉換如虎坐龍行，鷹翻猿轉，變幻莫測，滔滔不絕，連續不斷，董海川見所未見，聞所未聞，十分佩服，在老道收勢後，即向前施禮問道：「不知道爺所練何拳？」老道云：「八卦掌也。」

董海川對此拳十分喜愛，即懇求老道教之，老道見董海川體格奇偉，且心誠意切，便收其為徒。在老道長的悉心傳授下，董海川刻苦研磨，反覆實踐，終於參悟了八卦掌之奧妙所在，盡得其術。

三說，董公在浙江四明山四明洞，得到武當松溪丹派第七代宗師碧燈俠道長的傳授，後回北京首傳道門八卦掌。

綜上所述不難看出，八卦掌的流傳由來已久。筆者認為至少在明末該拳已經在小範圍開始流傳。至於八卦掌係何人所創，尚無足夠的資料佐證，不好下結論。但有一點可以肯定，董海川是繼承、發展、豐富、提高八卦掌拳術

的先驅，為八卦掌的發揚光大做出了卓越的貢獻。作為一代武術巨匠，他將會永遠在我國武壇上閃閃發光。

第二節　八卦掌之歷代傳承

董公後於京都肅王府任總管，培養出諸多弟子，且風格各異，引起世人矚目，尹福、程廷華、史計棟、馬維祺、梁振普、劉鳳春、劉寶珍等八卦掌第二代傳人，是八卦門中公認的成就較大、建樹較高的佼佼者。

董祖師都是因材施教，因人授法，善於啟發弟子從實際出發，以《易》理悟拳理，因此第二代以走為母，以變為法，流派紛呈，不拘一格，較為獨特的要數劉寶珍之陰陽轉換八卦掌。

劉寶珍先生（1841～1922），字品卿，自幼習武，擅戳腳，功高藝厚。清末在順天府充御馬快，足力特強，又擅腿法，人稱「飛腿劉」。《固安縣誌》有記載。

據傳，董海川老先師聞劉寶珍先生為人有俠義之風，武功底子深厚，遂喬裝訪徒於固安，劉寶珍先生快而有力的身手，寬厚豪爽的性格，被董老先師欣賞，以八卦之陰陽掌破其快腿，將其收服，納為弟子。董海川老先師住劉家三年，傳劉宗師八樁、八勢、八卦掌，穿林打樁之法，煉神導氣之功，又獨授劉寶珍鎮門掌法九宮掌，八卦門獨門器械八卦刀、雙頭蛇，劉結合以前所學形成自己獨具特色的八卦掌風格體系。

劉宗師尤擅刀法，在武林中贏得「飛刀劉」的美稱。

後又緣遇通州某觀一道長授予奇門遁甲之術，遂悟創奇門陣法（九宮刀陣、劍陣），為本門之一絕。在順天府充御馬快時，以奇門遁甲之所測方位捕賊，屢次獲捷，威震綠林，名傳北七省，易理研悟運用之精可見一斑。晚年參禪修佛，悟合易經生化之道，演無極八卦不測之功，後卒於北京通州某寺中。

英魂歸天，武功留世，劉之一生技藝全傳於弟子郭孟申，並傳之八卦掌譜和削鐵如泥的八卦柳葉刀，以示衣缽傳承，囑其發揚光大。

郭孟申（又名郭子平）（1891～1973），固安縣張村人，藝名郭快手。幼年拜劉寶珍為師學習八卦，長達18年，並拜馬玉堂為師，習形意拳。向楊氏太極第三代傳人楊澄甫求教太極拳之精義。後從單刀李存義學習絕命十三刀。1922年，與師兄形意拳名家朱國福赴四川、湖南、湖北、廣東、廣西從事武術活動。南京國術館成立後，任八卦掌教官。嗣後，自創武術館五處，高徒遍地，江南馳名。新中國成立之初，參加河北省運動會，獲武術冠軍。1954～1965年，帶固安武術團奔走全國各省市，演武獻藝，譽滿武壇。

中國南方的八卦掌，主要傳播者是郭孟申（郭子平），南京國術館為此奠定了基礎，雲南的何福生，以及散居於全國各地的溫敬銘、楊浦雲（女）、郭君氏（女）、王秒帥（女）、廖越清、鄧正立等人，都是那時候郭孟申（郭子平）先生班上的學生。

郭孟申在南京國術館時，經常去長沙分館，多次進行

武術表演比賽。郭孟申（郭子平）表演單劍、雙劍，頗受歡迎。秋瑾的丈夫請郭孟申（郭子平）先生去教他的兩個女兒。梅蘭芳先生向郭孟申（郭子平）先生學雙劍，改編成《霸王別姬》中的虞姬舞劍。

後來南京國術館搬到重慶，朱國福去了重慶。郭孟申（郭子平）去了成都，自創武術館，收徒授藝。

朱國福到重慶後，國術館停發工資，朱國福等人自籌資金，復活了國術館。後去成都請郭孟申（郭子平），到重慶國術館教特種班。業餘時間則另外設場收徒。

郭孟申、朱國福曾在29軍（馮玉祥部隊）教刀術。朱國福的刀術屬形意五行刀，直截了當的劈刺手法。郭孟申（郭子平）的刀術屬形意絕命刀，輾轉連環。27軍在抗日戰爭中都用大刀抵禦侵略軍，立下了汗馬功勞。

郭孟申曾去拜訪峨眉隱僧和青城山道長，切磋武藝。又從僧道那學會了道家內丹功和治傷接骨的武醫絕技醫藥秘方，保留至今。

正是在這樣漫長的武林生涯中，郭孟申（郭子平）的技藝達到了爐火純青的地步，全面繼承和發展了八卦掌拳門珍貴的武林遺產，形成了劉派郭氏八卦傳統而又新穎的風格體系，後傾囊相授予長子郭振亞。

郭振亞是郭孟申（郭子平）的愛子和傑出門徒，郭氏八卦掌第二代掌門傳人，1945年生於四川宜賓的五通橋。其自幼隨父郭孟申習武，先學八卦掌後學形意拳、太極拳，幾十年如一日，功底深厚，武德高尚，尤精技擊八卦散手及八卦刀，在1980與1986兩屆全國武術比賽中獲三金

一銀以及雄獅獎章一枚。郭振亞先生七斤重刀演練起來若驟雨疾風，波旋浪湧，刀隨步轉，步隨刀活，意牽神連，勁力飽滿，令人歎為觀止，人稱「八卦刀王」，可見影響之大。

郭振亞積極參與各項武術活動，辦武校和培訓班教授學員將近1000人，親傳弟子200餘人。曾任第一、第二屆國際八卦掌聯誼會裁判員，現任山東省濟南市武術協會八卦掌委員會顧問，四川省王樹田武術文化研究會顧問，河北省傳統武術聯合會副會長，廊坊市分會會長。其事蹟入錄《中國當代武術家辭典》、《中國當代武林名人志》，有多家報紙媒體報導。

郭振亞的長子郭浩，秉承家學，深得八卦精髓，是郭氏八卦第三代傳人和掌門人。現任內家拳研究會會長，河北省傳統武術文化聯合會常務理事，河北省傳統武術文化聯合會廊坊分會副會長，被《武當》雜誌社評為武林百傑。曾先後取得省市縣國家國際比賽冠軍。在原中國廣電總局、湖北省人民政府主辦的《武當》雜誌社承辦的中國期刊博覽會演武大會上郭氏八卦掌、刀、劍、對練獲得4枚金牌，獲全能第一名並獲獎金，收弟子80人，培養武術人才600餘人。參加省市縣電視臺及珠海澳門等地進行的武術展演，中央電視臺、新華社人民日報新華每日電訊廊坊電視臺及各大官方網站、中華人民共和國國務院新聞辦公室、中華人民共和國中央人民政府網、中華人民共和國文化部中國網路電視臺、中國廣播網新聞中心、香港文化產業報新華網等媒體報導。

郭浩傳長子郭眾嘉，侄子郭翰程，使八卦正脈得以代代相傳，郭氏八卦源遠流長，前程似錦。

　　弟子王勤山（詩書畫名家）有詩贊曰：

冠蓋神州三世功

郭家八卦獨稱雄

刀槍劍棍無雙技

天地山河一掌中

　　附八卦本門傳系表：

董海川

｜

劉寶珍

｜

郭孟申（又名子平）

｜

郭振亞

｜

郭浩

第三節　八卦掌之功技體系

一、椿法

　　1.八椿（定椿）：夾馬椿、推山椿、纏身椿、擰穿椿、下掖椿、雙拍椿、翻身椿、提筋椿。

　　八樁主要培育丹田內功，為周天運行和八卦的鼓蕩圓滾勁打下基礎，同時也練筋骨的伸展開合協調，活筋搖骨，強筋壯骨，為學習掌法打下基礎。

　　2.八式（行樁）：

　　鬆沉式、推山式、抱球式、茶壺式、金鐘式、猴形式、探爪式、眼觀式。

　　八式主要練習動態發勁，為以後學習八卦掌和技擊打下基礎。

　　3.實戰樁法：

　　走樁：（天盤）在1公尺高的八卦木樁上走八卦，練掌法。

　　穿樁：（地盤）在九宮木樁中間穿行遊走，練手、眼、身法、步法。

　　打樁：（人盤）人在穿樁的基礎上將掌法套路拆開，以樁為人，練實戰掌法，並透過練實戰掌法練習渾身無處不擊點。

　　實戰樁法主要以內外皆動，增強實戰中閃展騰挪、遊身飄襲之功。

二、掌法

　　1.八卦掌：

　　單換掌、雙換掌、順勢掌、轉身掌、回身掌、撩陰掌、摩身掌、揉身掌。

　　2.九宮掌：

　　穿、托、刁、翻、拍、鑽、擰、轉、分。

掌法是練習勁法技法中多種角度的轉換和實戰搏鬥的運用。

三、器械

八卦器械有八卦刀（夜戰八方刀）、八卦劍、八卦反手劍、八卦子午鴛鴦鉞、八卦虎頭雙鉤、八卦陰陽合把雙頭蛇、八卦陰陽合把棍等。

練法有劍對劍、刀對刀、槍對槍、刀對槍、鉤對槍等等。

兵器乃手臂之延長，為掌法之所變生也。練習器械是為了使勁力更加順達無礙，綿遠延長，身械一體。

第四節 郭氏八卦掌之特點

劉派八卦掌追求的是勁快且渾厚，勢如奔馬，且環環相扣，勁力吞吐富於變化，演練時最突出的特點是快，步快、身快、手快、眼快、勁快，但步法快而不浮，輕靈而穩健，浪波湧旋，以趟踩疊扣為體，鉤掛踩截為用，走轉中要以胯帶膝帶腳，要用八卦掌獨有的基本的趟、踩、疊、扣等法，走出雞蹬雪、馬趟泥之意，達輕靈若貓、矯健若虎之功。

手法講究推、托、代、領、搬、扣、劈、進、穿、閃、截、攔、撕、刨、擄、帶。

身法講究擰旋鑽翻。眼法講究鷹目虎視。套路講手眼身法步神氣意力功缺一不可，以內功鼓蕩圓滾勁而統於外

形一切技法，功技一體，至簡至密。

技擊講究一穿、二走、三觀、四發、五定、六鑽、七擰、八翻，接手如蟒穿蛇纏，物之難逃，龍行虎坐，鷹翻猿轉，發勁如驚雷。

歌曰：

> 陰陽轉換八卦掌，五行六藝七星藏。
> 鼓蕩圓滾一氣遊，鬆靜開合九宮走。
> 推託代領手法精，趨踩疊扣步速行。
> 上下相隨腰擰旋，千斤巧勁自然生。

八卦掌健身技擊原理初探

第一節　健身原理

　　中醫學認為要身健無病，必須要氣血充足流通，氣血是人體一切生命活動的物質基礎，血為陰為有形，氣為陽為無形，氣為血帥，血為氣母，相互依存。

　　那麼，氣血從何化生來的呢？氣血是五臟協同作用而產生的。腎為先天之本，陰精陽氣之宅。脾胃為後天之本，氣血生化之源。精血同源，脾胃後天運化水穀之精微為氣血生成提供物質保障，使腎之先天之精氣充盈，先天之精氣足則氣血更能充盛。

　　那麼，所產生的氣血用什麼通徑來流注到周身各部濡養筋骨呢？人法地，地法天，天法道，道法自然。地有十二地支，日有十二時辰，年有十二月。天有十天干，虛空有十方。天地合，三才分而化出天罡三十六之數，五陰五陽全而周天360數就，赤黃之道縱橫其中矣。天人相應故人體有十二經脈，十二經筋矣，用以運行氣血，溝通內外，法天循道，周流不息。又有奇經八脈合天之八風、地之八野，蓄積滲灌供應氣血於組織當中，以保證生命活動

物質的需供。生命活動機能的正常有賴於臟腑生理功能的協同作用，氣血的通暢。

那麼，八卦掌的方法就是有這種通氣血強臟腑的功能。他的練功方式是以內以心行氣，調息吐納，外合肢體的伸筋拔骨，開關摩竅，激發體內經氣的運行，從而達到內強臟腑生理功能、外強筋骨運動能力的目的。

綜上所述簡單的歸結為筋強則骨健，筋骨健則肝腎功能強，肝腎功能強則氣血旺，氣血旺則經絡通，經絡通則五臟功能更強。由外壯而內壯也，是為八卦掌之功用大旨也。

以上是從古易醫學說角度的闡述，那麼現代醫學是如何認識的呢？現代醫學生理學認為，人體的各層組織內分佈著許多感受器，若是刺激組織內的各種感受器，由感受器轉化為神經衝動，然後透過感覺神經傳導到大腦內，會形成酸、痛、麻、脹、癢等感覺。八卦掌的呼吸、意念，加上肢體的曲伸開合等方法，就是刺激組織內的各種感受器的過程。那麼這一過程的實質意義是什麼呢？既然刺激肌肉肌腱等組織能興奮某些相應的感受器，所以就能調節整個神經系統的功能，與此同時還會反射性地引起一系列生理反應，包括對人體各種機能的調整。這就是八卦掌能增強體質，提高生命品質的機理。

第二節　技擊原理

武術以技擊為主，透過練習八卦掌後，筋骨強健，勁

力順達，使全身筋骨柔如棉、硬如鐵，柔為剛之體、剛為柔之用，剛柔鬆緊一念間，技擊時出手至快至硬，勢成無改，快硬不破。功深者非常境中能不經意地自然化解對方的偷襲，達隨感而化之境地。這就是八卦掌所要達到的技擊效果。

八卦掌，法簡效宏，治病強身，防身自衛，一功多能。其是中華民族的智慧結晶，是中華民族寶貴的文化遺產。

第三節　八卦掌的健身價值與作用

1.長期練習八卦掌械，可以改善神經系統的功能。

人的高級部位頭部，是調節與支配所有神經系統與器官活動的樞紐。

人類就是依神經系統與器官活動，來適應外界環境的變化，改造外界環境，並使體內各系統與器官的活動，按照要求統一起來，八卦掌的左右兩側意氣，和其他要求緊密配合的鍛鍊方法，可以使大腦皮層運動中樞的活動處在高度的興奮集中狀態，皮層的其他部位則處在廣泛的抑制狀態，從而對慢性病的皮層興奮灶增強抑制，使病灶得到充分休息，使局部的病灶減輕和消失。

由於鍛鍊又進一步增強了疾病的抵抗能力，所以對一些慢性病起到了積極的治療作用。

2.練習八卦掌械，可增強心臟、血管系統的機能。

八卦運動使全身各部位肌肉、關節與有節律的深呼吸

配合旋轉，使動脈血管得到柔和舒張，加強了血管舒張神經對血管壁的調節作用，使心臟充血充足，提高了心肌收縮能力，促進了全身的新陳代謝，為預防心臟各種疾病和動脈硬化起到了很好的作用。

3.練習八卦掌械，能改善呼吸系統的功能。

在運動中要求腹式呼吸，所謂的丹氣無論在醫療和健身作用方面都很重要。

腹式呼吸可使收縮與舒張的範圍加大，呼吸深度加強，肺活量增大，提高了肺功能，對支氣管炎、肝臟，胃等部位能起到按摩的作用，加快了消化液的分泌過程，增強了胃腸道的蠕動功能，使體內廢物排除通暢，促進了新陳代謝，提高了呼吸消化系統的功能，從而改善各器官營養吸收狀態，增進了健康。

4.練習八卦掌械，可增強骨骼肌肉和各關節的活動能力。

運動的轉擰旋等，使身體各部位肌肉增強了收縮能力，彈性加大，對骨骼和關節能起到牽引的作用，由於放鬆和發力的自我按摩，對增強骨骼各關節的韌性有明顯的作用。

八卦掌基本練習法則

第一節　人體內外部位的要求

歌曰：

> 八卦掌法道人傳，開式先從無極轉。
> 懸頭豎項舌舐齶，垂肩墜肘掌法奇。
> 含胸拔背膝相抱，提肛斂臀腰亦撐。
> 坐胯屈腿蹚泥意，起落擺扣步分明。
> 四形三空須俱備，氣沉丹田周身靈。

1. 頭部，「懸頭豎項舌舐齶」

練習八卦掌時應避免仰面低頭，左歪右斜，而要保持頭頂懸，項豎直，下頦內收，舌舐上齶，目視兩掌，神態高雅自然，呼吸順遂平和。

2. 肩、臂、肘、手，「沉肩墜肘掌法奇」

肩要鬆要沉，臂才能自然下垂。大、小臂屈曲成半弧形，肘下墜。指分掌凹，五指外撐，虎口要圓。轉掌時，兩臂盡力向圈中心伸出，始終保持姿勢端正。

3. 胸部、背部、腰部，「含胸拔背腰亦撐」

練習八卦掌，要空胸緊背，舒展自若，不挺不縮，自

然內含。腰為人身之主宰，身行必先腰動，處處無不從腰動來帶動肢體的運動，而且還要有擰勁。

4.臀部，「提肛斂臀」

練習八卦掌，臀部要內收，不可後突，要求斂臀、收胯、實腹，肛有上提之意。

5.腿部，「坐胯屈膝蹚泥行，起落擺扣步分明」

練習八卦掌沿圈走轉，全賴腿腳之力，要使之行步平穩，擺扣分明，在轉掌過程中，必須採取坐胯屈膝，使力量注之於兩腿，行步時兩腳摩脛貼地前進，如蹚泥涉水狀。落腳時五趾抓地，足心涵空，擺扣分明，走出雞蹬雪、馬趟泥之意，達輕靈若貓、矯健若虎之功。

6.四形、三空俱備，「四形三空須俱備，氣沉丹田周身靈」

練習八卦掌時要三形俱備，即蹲坐如虎，行走如龍，回轉若猴，換式似鷹。三心要空，即手心要空，胸心要空，足心要空。三形三空俱備，合為一體，則氣沉丹田，周身輕靈自然。

第二節　論八卦掌的運動方法

歌曰：

> 身靈步活勢相連，縱橫交錯協調圓。
>
> 勁力渾厚剛柔間，精神貫注氣勢嚴。

1.「身靈步活勢相連」

練習八卦掌以行圓繞圈走轉為主，左旋右轉要求式式

連貫。轉掌身體不得起伏搖擺，要做到「樁如山岳，步似水中」。在穩健中要顯出像行雲流水般的自如。沿圈走轉時，裡腳上步落地腳尖要外擺，外腳上步要裡扣，並與後腳跟形成錯綜八字。一招一勢動作須要清晰分明。隨著掌法的變化，呈現出起落、俯仰、旋轉、擰裹、屈收、展放的各種身法。

2.「縱橫交錯協調圓」

練習八卦掌在轉掌演示過程中，交錯運用推、托、帶、領、劈、進、搬、扣、攔、截等諸法，做到意領神往勁力不斷，動作圓活，連環縱橫，上下協調完整。

3.「勁力渾厚剛柔間」

八卦掌的勁力主要表現為滾、鑽、掙、裹四勁。滾是指向左向右的圓形臂動作；鑽是螺旋式向前的旋臂動作；掙是指旋臂向外撐開；裹是指向裡扣抱。

這四種勁力方法有所不同，如僅僅是圓形的滾轉，而沒有向前之力，就不能發揮滾鑽的合力。

故只有滾中帶鑽，才能使圓形的滾轉動作成為螺旋形向前的力量，這樣才會發出渾厚的合力。掙和裹，則具有同樣的道理，兩臂合抱固然應該用裹勁。但是，如果在內裹的勁力中，不含有內在的外撐力量，也就不可能產生向裡向外的勁力。

八卦掌中的一切招法和勁力，都是由滾、鑽、掙、裹四勁在不斷的矛盾對抗過程中產生出來的，形成了其用勁有剛、有柔，剛柔相輔相成，動作快慢相間，綿綿不斷，滔滔不絕的運動特點。

4.「精神貫注氣勢嚴」

練習八卦掌要求注意力集中，氣勢完整。在轉掌演式中，處處表現出機警、敏捷、沉穩、多變，精神貫注。意識、拳式、呼吸一體，才能真正做到動作和諧、完整，氣勢莊重威嚴。

第三節　郭氏八卦掌運動特點

一、力點

滾、鑽、掙、裹、接、彈、坐、頂、擰、翻、刁、刺。

二、八合

眼動手動，即眼與手合，胯動肩動，即胯與肩合，手動肘動，即手與肘合，神隨意動，即神與意合，腳動膝動，即腳與膝合，以氣動力，即氣與力合，腳動手動，即腳與手合，內外相隨，即內與外合。

三、八卦掌之功

圓力旋轉，變化自如，氣貫周身，靜如泰山。行若游龍，變如猛虎，雞踏雪，馬趟泥，腳行如貓，臂如靈猿，掌如鷹爪，攻防走中變，身隨步活，步隨掌轉，以腰為軸，有驚詐之功，閃展騰挪之能，脫身換影之術，刁轉擰翻之身，內氣鼓蕩之氣法，出手不見手之速度，出手直，回手勾，有撕袍擄帶之效，勾掛連環之腿法，以巧破千鈞

之技巧，總之圈之奧妙，奧妙全在圈中。用時忽上忽下忽左忽右忽前忽後。

掌法：推、托、代、領、搬、扣、劈、進、刁、按、穿、掛、切、滑、撞、摛、擰、雲、撩、抱、採、抹、吊、截。

腿法：擺、扣、勾、掛、提、點、踹、裹、擢、圈、藏。

外八卦，肩膀膝胯頭手足腰，內八卦，心肝脾胃肺腎經氣。內外相合形成一體，八卦掌之真髓。

四、八卦掌運用

戰略戰術：讓人三招避其鋒芒，側面進攻，有虛有實，隨走隨變，心態平和，如老叟戲頑童，圈中求直中取，用身體整力擊打，手腳齊動，借力打力，掌擊有上起之勁，但有下壓之力，無孔不入，沾衣發力，用己之長擊對方之短，避勁頭，打勁尾，你上我下，你左我右，你前我側。

總之以快打遲，治人以服，不治人以傷，以德為重。

第三節　八卦掌之轉掌行步基本方法

一、八卦掌之轉掌走圈

歌曰：

　　練功轉掌足根源，以腰為軸要走圓。

圈為掌中本根源，無窮奧妙圈裡演。

朝夕工暇時時練，功到法成樂無邊。

　　八卦掌之功夫，皆以轉掌走圈為本，其千變萬化，蓋淵於圈中。因此，練八卦掌首重轉掌走圈。轉掌走圈有三盤功夫，曰：上盤、中盤、下盤是也。

　　初練轉掌走圈，首先要站好椿步（亦曰起式），猶如建築高樓大廈，必先打好基礎。站椿之法，先從無極式開始，左足向前邁半步，腳尖裡扣，兩腿屈膝內含，兩膝相平，坐胯成左虛步，勁注於右腿上。上身右轉，右掌、右臂同時內旋，小指向外，拇指向內，屈肘環抱胸前；左掌同時向右腋下平穿，掌心向上屈肘環抱。

　　然後上身左轉，左掌從右肘下向身體左上方轉移上舉與眉齊，右掌、右臂同時外旋，隨左掌轉動置於左肘橫於左脅下，成橫勁。兩臂與後腿垂直相照，眼視左掌，沉肩、墜肘，緊背空胸，身形下坐，腰身要直要擰，緊襠吸胯，穀道內提，氣沉丹田。

　　起式站好後，即開始轉掌，初學以走下盤為宜，姿勢要低，走圈略大，速度緩慢均勻，屈腿蹚泥，摩脛而行。步法要輕靈，起落擺扣要分清楚，身體要端正平穩，切忌忽高忽低，前俯後仰，練至日久，功夫漸增。下盤功夫練之純熟，則可將姿勢放高，練習中盤功夫。此時走圈宜小，速度均勻快速，走起來縱橫交錯，猶如游龍，恰似行雲流水，川流不息。兼之走穿挑打，擰翻旋轉等方法，練之純熟，運用自如，變化多端，無不得心應手。

下盤功夫最為難練，要求姿勢極低，而且速度要慢，沒有較深的功夫和腿部力量，很難練好下盤功夫。因此，練習下盤，需要堅忍不拔的恒心和毅力，以及吃苦耐勞的精神，方可奏效。一旦練好下盤功夫，則根深蒂固，內勁自生，身法輕靈，步法矯捷，似有提氣騰空之感覺。正如拳譜中言：「三盤精通，內氣騰升。」

二、八卦掌對意識、呼吸的要求

練習八卦掌，要求心平氣和，思想集中，排除雜念，專心練拳。以意識來引導動作，努力做到意、氣、力三者的緊密結合。

八卦掌在呼吸方面，要求腹式呼吸法，舌舐上齶，以鼻呼吸，呼吸深長，急入緩出，自然順遂，切忌憋氣，做到氣與動作有機的配合。氣順則百脈舒泰，手足輕靈。手足輕靈，運動起來就會協調完整。

八卦掌掌勢功法

第一節 八樁法

八樁是郭氏八卦掌之入門基礎功法，主要培養人體外在的協調擰轉之能、撐筋拔骨之功，培養內在的鼓蕩圓滾之勁、周天橫行之功。

八樁是八卦掌門秘傳的門內易筋易骨之法，配合氣法可成洗髓之功夫。

一、夾（夾馬樁，定樁）

【預備式】身體直立，頭頂肩沉，兩手下垂，兩腳趾扣地，氣抱丹田。（圖1）

兩腳分開，略比肩寬，約三腳掌距離，膝內扣的同時，屈膝下蹲成夾馬步。雙臂平抬於胸，兩掌心向上，然後前伸成掌心斜相對，如托球狀，四指自然分開，虎口圓撐，肘尖下垂，含胸圓背，臀部內斂，目視前方。（圖2～圖4）

【要點】腳趾抓地，膝扣腿夾，腹提襠沉，臀斂背圓，鬆肩墜肘，提肛吊頂，舌抵上齶，呼吸綿長深遠。

圖1　　　　　　　　圖2

圖3　　　　　　　　圖4

　　【功用】主要練全身的整勁，培育丹田內功，為摩動內五行打下堅實基礎；強身健體，祛病養生。

　　二、推（推山樁，動樁）

(1)下肢動作同上之夾馬樁，左手平置胸前，與膻中穴平，掌心向下，右手放於丹田處，掌心向上與左掌心相對

46

成一抱圓狀。(圖5)

　　(2)下肢動作同上，以腰為軸，向左旋轉，雙掌同時外翻外推。(圖6)

　　注：以左式為例，右式相同，唯方向反之(圖7、圖8)。左右循環，各做8次。

　　【要點】腰部放鬆旋轉，眼隨手轉，手要滾翻，腰要

圖5　　　　　　　　　　圖6

圖7　　　　　　　　　　圖8

撐。合抱吸氣，外推呼氣。

【功用】主要練腰力與掌的側推力。

三、纏（纏身樁，動樁）

(1)下肢動作同上，雙手各向左右平伸如托天狀（圖9），然後左手下移，置於腹上，掌心朝上，掌側沿對肚臍處。（圖10）

(2)下肢動作同上，腰向左旋轉，左手從臍處沿帶脈摩動至背後，手背貼命門穴處，右手同時向左上穿托。（圖11）

注：以左式為例，右式相同，唯方向反之（圖12～圖14）。左右循環各做8次。

【要點】腰部放鬆旋轉，以腰帶手，以意運氣。正身時吸氣，旋身時呼氣。

【功用】主要練腰力，打通帶脈。

圖9

圖10

圖11　　　　　　　　　　圖12

圖13　　　　　　　　　　圖14

四、擰（擰穿樁，動樁）

(1)兩腿分開，比肩稍寬，然後微屈下蹲成夾馬樁式，兩手左右分開平托，高與肩齊，掌心向上，如托天狀。（圖15）

(2)以左腳尖為軸，內旋擰轉左胯，旋腰；同時，左

49

手曲屈成馬頭掌置於肩窩處。（圖16）

　（3）以左腳尖為軸向外旋展的同時，左手從腋下向左前撐穿，右手屈置於肩窩前，做下式。（圖17）

　　注：以左式為例，右式相同，唯方向反之（圖18）。左右循環各做8次。

　　【要點】轉腳撐胯旋腰要一氣呵成，不要停滯。兩臂

圖15　　　　　　　　　　圖16

圖17　　　　　　　　　　圖18

要用擰勁。擰裹為吸氣，翻穿為呼氣。

【功用】練習全身的滾鑽掙裏擰翻之力。

五、掖
（下掖椿，動椿）

圖19

(1)兩腿分開，比肩稍寬，然後微曲下蹲成夾馬椿式，兩手左右分開平托，高與肩齊，掌心向上，如托天狀。（圖19）

(2)右腿屈，左腿伸直成左仆步，左掌掌心向上置於下頜處。右掌伸直，掌心向上。（圖20）

(3)接上勢，身體向左前方游動成左弓步的同時，左掌向左前伸直掖出。（圖21）

圖20

圖21

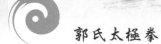

圖22　　　　　　　　　　　　　　圖23

注：以左式為例，右式相同，唯方向反之（圖22、圖23），左右循環各做8次。

【要點】以腰胯帶動手掖出，全身要協調。下式為吸氣，掖穿為呼氣。

【功用】打開髖關節，增加髖關節的靈活性和全身的協調性以及手的掖穿力。

六、拍（雙拍樁，動樁）

(1)兩腿直立分開，比肩稍寬，微屈下蹲成夾馬樁式，兩手左右分開平托，高與肩齊，掌心向上，如托天狀。（圖24）

(2)左手從右腋下穿出呈雙手交叉狀（圖25）。同時，向右擰身，雙掌成外推狀。

(3)突然向左轉身，雙掌向左拍出。（圖26）

注：以左式為例，右式相同，唯方向反之（圖27）。

左右循環各做8次。

　　【要點】一定要以腰為軸，以身帶掌，發力要猛、快，兩臂要有彈力。交叉為吸氣，翻拍為呼氣。

　　【功用】練習雙掌的橫拍抽打之力。

圖24

圖25

圖26

圖27

七、翻（翻身樁，動樁）

圖28

左腿在前，右腿在後彎曲成虛步，左掌置於腰間，掌心向上，右掌上翻（圖28）。起身，左掌從右掌下推出，然後左腳內扣，右腳外擺；同時，左手從頭上蓋過，下按在右膝前，右手置於腰間。（圖29）

注：以左式為例，右式相同，唯方向反之（圖30、圖31，為側面）如此左右循環各做8次。

【要點】翻身時以腰的擰旋起落來帶動手的穿扣，要整體。上翻為吸氣，下扣為呼氣。

【功用】主練腰身的擰翻，有開通肝經、理氣的作用。

圖29

圖30

八、提（提筋椿，定椿）

右腳直立，左腳抬起，腳跟與膝同高，左掌前穿，右掌護於胯前。（圖32）

注：以左式為例，右式相同，唯方向反之。（圖33、圖34）

【要點】站立腳，腳趾扣地，上提之腳不過膝，腳尖儘量上鈎，丹田抱氣，全身合勁。呼吸綿長深遠。

圖31　　　　　　　　　　圖32

圖33　　　　　　　　　　圖34

【功用】激發足少陰經脈，使腎精得固，練精化氣，氣推血行。從而充養全身經脈。

總之，八樁式簡意深，要領必須做到位方才有效，不能草率地行之，靜中求功。

第二節　行樁八式

行樁八式是八卦門走轉功夫之基礎，由鬆沉式、推山式、抱球式、茶壺式、金鐘式、猴形式、探爪式、眼觀式構成。主練運動中的人體內外協調之能，黏打走化之勁。

一、鬆沉式

【預備式】身體直立，面對圓心，目平視前方，頭頂肩沉，兩手下垂，兩腳趾扣地踏圓彌，氣抱丹田。（圖35）

【動作說明】

圖35

(1)身向右轉，以左胯為根帶動左腳向前趟出一步，兩掌根下塌，掌指上翹，如吸球狀，放於胯部。（圖36）

(2)下肢不動，腰身微向左擰，身對圓心，目平視圓心（圖37）。保持以上姿勢不動，繼趟右腳，這樣沿著圓弧對著圓心走八步為一圈。

(3)接上式，走數圈後換成

右勢，左腳向圈外扣（圖38），身向右轉，右腳向外擺步。上身姿勢隨步走不變。（圖39）

(4)接上式，左腳向前趨、扣，保持上身姿勢不變（圖40）。繼上右腳（圖41），這樣沿著圓弧對著圓心走八步為一圈。

圖36　　　　　　圖37　　　　　　圖38

圖39　　　　　　圖40　　　　　　圖41

【要點功用】氣沉丹田，百會上頂，空胸圓背，舌抵上齶，呼吸自然。走轉中要以胯帶膝帶腳，要用八卦掌獨有的趟、踩、疊、扣之法，走出雞蹬雪、馬趟泥之意，達輕靈若貓、矯健若虎之功。

二、推山式

【動作說明】

(1)接上式，身向左轉，左腳向外擺，同時雙掌內抱外撐向圓心推出。（圖42）

(2)保持以上姿勢不動，繼趟右腳，這樣沿著圓弧對著圓心走八步為一圈。

(3)接上式，走數圈後換成右勢，左腳向圈外扣，身向右轉，右腳向外擺步雙手放腰間（圖43），然後向圓心推出（圖44、圖45）。上身姿勢隨步走不變。

【要點功用】發勁時呼氣，發力要快，用丹田之氣，摧掌發渾圓之勁。

圖42　　　　　　圖43　　　　　　圖44

三、抱球式

【動作說明】

(1)接上式，身向左轉，左腳向外擺，同時雙掌上下合抱，左掌在上，右掌在下、向圓心推出。（圖46）

圖45

(2)保持以上姿勢不動，繼趟右腳，這樣沿著圓弧對著圓心走八步為一圈。

(3)接上式，走數圈後換成右勢，左腳向圈外扣，身向右轉，右腳向外擺步，雙手抱球轉換成右掌在上、左掌在下之抱球狀，向圓心推出（圖47、圖48）。上身姿勢隨步走不變。

【要點功用】主練雙手的合抱外發之勁。

圖46　　　　　圖47　　　　　圖48

四、茶壺式

【動作說明】

(1)接上式，身向左轉，左腳向外擺，同時左手成茶壺勾手狀上提，向圓心打出。右掌下按放於右胯前。（圖49）

(2)保持以上姿勢不動，繼趟右腳，這樣沿著圓弧對著圓心走八步為一圈。

(3)接上式，走數圈後換成右勢，左腳向圈外扣，身向右轉，右腳向外擺步，右手轉換成茶壺勾手狀上提，向圓心打出。左掌下按放於左胯前（圖50）。上身姿勢隨步走不變。

【要點功用】主練雙手的上提之勁。

五、金鐘式

【動作說明】

(1)接上式，身向左轉，左腳向外擺，同時左手成托

圖49

圖50

圖51　　　　　　　圖52　　　　　　　圖53

掌，向圓心打出。右掌下按放於右胯前。(圖51)

　　(2)保持以上姿勢不動，繼趟右腳，這樣沿著圓弧對著圓心走八步為一圈。

　　(3)接上式，走數圈後換成右勢，左腳向圈外扣，身向右轉，右腳向外擺步，同時右手成托掌，向圓心打出。左掌下按放於左胯前(圖52)。上身姿勢隨步走不變。

　　【要點功用】主練雙手的上托之勁。

六、猴形式

【動作說明】

　　(1)接上式，身向左轉，左腳向外擺，同時左手成猴形手，向圓心打出。右手成猴形手按放於左肋前。(圖53)

　　(2)保持以上姿勢不動，繼趟右腳，這樣沿著圓弧對著圓心走八步為一圈。

　　(3)接上式，走數圈後換成右勢，左腳向圈外扣，身

向右轉，右腳向外擺步，同時右手成猴形手，向圓心打出。左手成猴形手按放於左肋前（圖54）。上身姿勢隨步走不變。

【要點功用】主練雙手的截點之勁。五指要捏緊。

七、探爪式

【動作說明】

(1)接上式，身向左轉，左腳向外擺，同時左右手成五龍探抓手，向圓心探出。（圖55）

(2)保持以上姿勢不動，繼趨右腳，雙手連環探出（圖56）。這樣沿著圓弧對著圓心走八步為一圈。

(3)接上式，走數圈後換成右勢，左腳向圈外扣，身向右轉，右腳向外擺步，同時左右手成五龍探抓手，向圓心連環探出（圖57、圖58）。上身姿勢隨步走不變。

【要點功用】主練兩膀之力通達手指之功，要用抖彈

| 圖54 | 圖55 | 圖56 |

圖57　　　　　　　　　圖58

之力，不可用蠻力。

八、眼觀式

（1）身向左轉，左腳向前趟出一步，兩掌根下塌，掌指上翹，如吸球狀，放於胯部，眼向左上方凝神靜觀。（圖59）

（2）繼趟右腳，腰身微向左擰，身對圓心，上身保持上述姿勢不動，眼向右上方凝神靜觀（圖60）。這樣沿著圓弧對著圓心左右閃觀，走八步為一圈。

（3）接上式，走數圈後換

圖59

郭氏太極拳

圖60

成右勢，左腳向圈外扣，身向右轉，右腳向外擺步。上身姿勢隨步走不變。（圖61）

　　(4)接上式，左腳向前趟、扣，繼上右腳（圖62），保持上身姿勢不變。這樣沿著圓弧對著圓心走八步為一圈。

　　【要點功用】主練眼神凝視之功，同時內觀守身，意不外馳，神不外走，一氣遊行，聽八方。為修煉內功打下基礎。

　　收式，兩腳分開，略比肩寬，約三腳掌距離，膝內扣的同時，屈膝下蹲成夾馬步，雙臂平抬於胸，兩掌心向上，然後前伸成掌心斜相對，如托球狀，四指自然分開，虎口圓撐，肘尖下垂，含胸圓背，臀部內斂，目視前方（圖63），然後收左腳成並立站勢。（圖64）

圖61

圖62

圖63　　　　　　　　　　　圖64

第三節　八卦掌

八卦掌是八卦門的核心技法，由單換掌、雙換掌、順勢掌、轉身掌、回身掌、撩陰掌、摩身掌、揉身掌八大掌構成，有合掌打八方之意。

一、單換掌

【預備式】身體直立，頭頂肩沉，兩手下垂，兩腳趾扣地，氣抱丹田。（圖65）

1.夾馬勢

兩腳分開，略比肩寬，約三腳掌距離，膝內扣的同時，屈膝下蹲成夾馬步，雙臂平抬於胸，兩掌心向上，然後前伸成掌心斜

圖65

相對，如托球狀，四指自然分開，虎口圓撐，肘尖下垂，含胸圓背，臀部內斂，目視前方（如圖66）。

【要點】腳趾抓地，膝扣腿夾，腹提襠沉，臀斂背圓，鬆肩墜肘，提肛吊頂，呼吸綿長深遠。

2.脫身化影

重心右移，下肢成三才步，同時雙手左右分開，右手與頭高，左手與腰高，兩眼正視前方。（圖67）

【要點】重心移至右側要快，重點突出一個「閃」字。

3.葉底藏花

重心左移，右腳向左側扣一步成八字扣步，同時動作不停，右掌掌心向下，沿胸部向左腋下穿，左掌掌心向外推至左側，放於右肩上，目注右側。（圖68）

【要點】扣步和右手的腋穿要協調一致，身的合抱，手的滾鑽穿之勁要表現出來。

圖66

圖67

圖68

圖69

圖70

4. 紫燕拋剪

下身不動，腰向右擰，同時兩手翻托成兩掌心向上鑽出，左手放於右肘部，右手高與眉齊，對著圓心。（圖69）

【要點】上鑽時身體要合住。

5. 黃鷹著地

下身不動，雙手內旋翻托成兩掌心對圓心。（圖70）

【要點】翻掌時身微開撐。

6.行步走轉

保持上勢沿著圓走轉一圓圈。（圖70）

【要點】行步如坐轎。

7.右單換掌

走轉一圓圈後，右掌內旋外帶，然後內旋向左前推出，掌指朝圓心（圖71）。接上勢，下身動作不動，身微左擰，右手外旋上托（圖72）。接上勢，重心微下坐，手內旋下帶（圖73、圖74）。接上勢，重心右移，身向右轉，同時手內旋掌心向下平領撐出。（圖75、圖76）

【要點】推託帶領一氣呵成。

8.葉底藏花

重心右移，左腳向右側扣一步成八字扣步，同時動作不停，左掌掌心向下，沿胸部向右腋下穿，右掌掌心向外推至左側，放於左肩上，目注左側。（圖77、圖78）

圖71　　　　　　圖72　　　　　　圖73

【要點】扣步和左手的腋穿要協調一致，身的合抱，手的滾鑽穿之勁要表現出來。

9.紫燕拋剪

動作同上，唯左右反之。（圖79）

圖74　　　　圖75　　　　圖76

圖77　　　圖78（圖77附圖）　　　圖79

10.黃鷹著地

動作同上，唯左右反之。（圖80）

注：八卦掌左右變換，動作相同，唯左右相反，恕不文字說明，附圖於後，見圖81～圖88。

圖80

圖81

圖82

圖83

圖84

圖85

圖86

圖87

圖88

郭氏太極拳

二、雙換掌

1.左單換掌
左單換掌出勢，推託帶領。（圖89～圖92）

2.上步三盤掌
接上式，左腳向右前方趟一步成三才步，同時左掌上穿（圖93）。接上勢，右掌向前打按掌（圖94）。接上

圖89　　　　圖90

圖91　　　圖92　　　圖93

勢，右掌收回腰間，左掌內旋翻托成掌心向下，成切掌向前打出。（圖95）

【要點】一步三掌要迅速，一氣呵成。

3.鷂子入林

接上式，腰微向右轉，左手外旋，右手內旋，手指向右指出。（圖96、圖97）

【要點】身腰的旋轉和手的旋轉要一致協調。

圖94　　　　　　　　　圖95

圖96　　　　　　　　　圖97

4.上步穿掌

接上式,左腳向右前趟出,成三才步,同時左手向上穿出。(圖98)

【要點】趟步穿掌要一致。

5.腦後摘盔

重心後移,身稍向後撤半步,同時左掌收回腰間(圖99)。左腳虛提,然後下踏成三才步,同時左掌向左後畫弧,過頭頂再向下打成扣掌,虎口向下,目視左前下方。(圖100)

【要點】起腳打掌要一致。

6.鷂子入林

接上式,腰微向右轉,左手外旋,右手內旋,手指向右指出。(圖101)

【要點】身腰的旋轉和手的旋轉要一致協調。

7.雲掌

接上式,下身動作不動,右手平雲至胸前後,前臂外

圖98   圖99   圖100

旋翻托成掌心向上（圖102～圖106）。然後右手內旋成馬
頭掌，重心移到右腿，提左腳打裹腿，以右腳掌為軸，旋
轉360度後踏地。（圖103～圖110）

　　【要點】腳的旋轉要與手的擰裹成一整體。

圖101　　　　　　　圖102　　　　　　　圖103

圖104　　　　　　　圖105　　　　　　　圖106

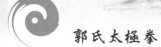

圖107　　　　　　　　圖108

圖109　　　　　　　　圖110

8.獅子搖頭

接上式，下身動作不動，腰向左擰，右掌向左肩膀打出，掌指向上（圖111）。然後，身向右擰，同時左掌向右打出。（圖112）

9.紫燕拋剪

同上述姿勢，恕不文字說明。（圖113）

10.黃鷹著地

同上述姿勢。（圖114、圖115）

注：八卦掌左右變換，動作相同，唯左右相反，恕不文字說明，附圖於後，以供參考。（圖116～圖140）

圖111 　　　　　圖112 　　　　　圖113

圖114 　　　　　圖115 　　　　　圖116

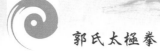

圖117   圖118   圖119

圖120   圖121   圖122

圖123　　　　　　圖124　　　　　　圖125

圖126　　　　圖127　　　　　圖128

圖129 圖130 圖131

圖132 圖133 圖134

圖135　　　　　　圖136　　　　　　圖137

圖138　　　　　　圖139　　　　　　圖140

三、順勢掌

1.右單換掌

走轉一圓圈後，右掌內旋外帶，然後內旋向左前推

出，掌指朝圓心（圖141）。接上勢，下身動作不動，身微左撐，右手外旋上托（圖142）。接上勢，重心微下坐，手內旋下帶（圖143）。接上勢，重心右移身向右轉，同時右手內旋掌心向下平領撐出。（圖144）

【要點】推託帶領一氣呵成。

圖141

圖142

圖143

圖144

2. 雙撞掌

重心右移，身向左轉成三才步，同時右前臂外旋置於右胯前，掌心朝左前，五指向下，左掌內旋外撐，掌心向外，成撞掌式向前打出。（圖145）

圖145

3. 青龍返身

接上式，順前撞之勁提右腳，以左腳為軸旋轉360度。（圖146、圖147）

4. 雙撞掌

接上式，雙掌成撞掌式向前打出。（圖148）

【要點】以上三動合一勢，快速連續，一氣呵成。

圖146 　　　　圖147 　　　　圖148

5.龍形式

身微向右轉，兩手分開，右手高，左手低（圖149）。兩手各在胸前劃一圓圈（圖150），然後左手成按掌，右手成托掌式。（圖151）

6.胸前掛印

接上式，腰忽左轉，重心左移，右胯帶膝帶腳向左前

圖149

圖150

圖151

圖152

點踏而出，同時左掌成俯掌合於右肘處，右掌成仰掌向前托出。（圖152）

7.撲腿遊身

接上式，以胯為軸往右後仆步下移，右掌上挑，左手伸直。（圖153）

圖153

8.白猿獻果

接上式，重心繼續右移成右弓步，兩掌置於腰間，然後雙手成蓮花掌上捧成獻果勢。（圖154、圖155）

9.黃鷹著地

動作同上。（圖156）

圖154　　　　圖155　　　　圖156

注：八卦掌左右變換，動作相同，唯左右相反，恕不文字說明，附圖於後，以供參考。（圖157～圖171）

圖157　　　　　　圖158　　　　　　圖159

圖160　　　　　　圖161　　　　　　圖162

圖163　　　　　　　　圖164　　　　　　　　圖165

圖166　　　　　　　　圖167　　　　　　　　圖168

圖169　　　　　　　　圖170　　　　　　　　圖171

四、轉身掌

1.右單換掌

走轉一圓圈後，右掌內旋外帶，然後內旋向左前推出，掌指朝圓心（圖172）。

接上勢，下身動作不動，身微左擰，右手外旋上托（圖173）。接上勢，重心微下坐，手內旋下帶（圖174）。接上勢，重心右移身向右轉，同時手內旋掌心向下平領撐出。（圖175）

【要點】推託帶領一氣呵成。

2.霸王托鼎

重心右移，上左腳成三才步，同時左手向上穿托，右手置於左胸側，掌心向上。（圖176）

【要點】托掌上步要一致。

3. 金龍纏身

腰往右轉，右腳右轉外擺，左手內旋翻掌置於頭上，右掌沿右腹部帶脈走半圈，放於命門穴處。（圖177）

圖172

圖173

圖174

圖175

圖176

圖177

4.上步穿掌

身向右轉，重心移至右腿，左腳提起向前成三才步，左掌向前穿出，右掌置於右腹部。（圖178、圖179）

5.腦後摘盔

重心移到右腿，左腿提起，同時左掌向左側劃圈從腦後置於頭頂（圖180）。然後左腳向前落步成三才步，左掌過頭頂再向下打成扣掌，虎口向下，目視左前下方。（圖181）

【要點】起腳打掌要一致。

6.鷂子入林

接上式，腰微向右轉，左手外旋，右手內旋，手指向右指出。（圖182、圖183）

【要點】身腰的旋轉和手的旋轉要一致協調。

圖178　　　　　　圖179　　　　　　圖180

7.雲掌

接上式，下身動作不動，右手平雲至胸前後，前臂外旋翻托成掌心向上（圖184～圖186）。然後右手內旋成馬頭掌，重心移到右腿，提左腳打裏腿，以右腳掌為軸，旋轉一圈後踏地。（圖187、圖188）

【要點】腳的旋轉要與手的擰裏成一整體。

圖181　　　圖182　　　圖183

圖184　　　圖185　　　圖186

圖187

圖188

8.獅子搖頭

接上式，腰向左擰，右掌向左肩膀打出，掌指向上（圖189）。然後，身向右擰，同時左掌向右打出。（圖190）

9.紫燕拋剪

同上述姿勢，恕不文字說明。（圖191）

圖189

圖190

圖191

10.黃鷹著地

同上述姿勢。（圖192）

注：八卦掌左右變換，動作相同，唯左右相反，恕不
文字說明，附圖於後，以供參考。（圖193～212）

圖192　　　　　　圖193　　　　　　圖194

圖195　　　　　　圖196　　　　　　圖197

圖198 圖199 圖200

圖201 圖202 圖203

圖204 圖205 圖206

圖207　　　　　　圖208　　　　　　圖209

圖210　　　　　　圖211　　　　　　圖212

五、回身掌

1.單換掌

走轉一圓圈後，右掌內旋外帶，然後內旋向左前推出，掌指朝圓心（圖213）。接上勢，下身動作不動，身微左擰，右手外旋上托（圖214）。接上勢，重心微下坐，手內旋下帶（圖215）。接上勢，重心右移身向右轉，同時手內旋掌心向下平領撐出。（圖216）

【要點】推託帶領一氣呵成。

圖213

圖214

圖215

圖216

2.金龍吐珠

重心移至右腿，左腿提起向右前上成三才步，同時左手提至下頜，手心朝上，向左前穿出，目注左前方（圖217、圖218）。

接上勢，向右轉身，同時右手提至下頜，手心朝上，向右前穿出，目注左前方。（圖219、圖220）

【要點】左右換掌時用閃勁。

圖217　　　　　　　　　　圖218

圖219　　　　　　　　　　圖220

3.仙人讓路

接上式，重心移至左腿，收右腿，同時右手內旋向下收於右腿側，左掌成立掌放於右肩處。（圖221）

4.力劈華山

接上式，向圓心上右腳成三才步，同時右掌向前劈出。（圖222）

【要點】手腳一致，劈出整體勁。

5.五龍探手

重心移至右腳，上左腳成三才步，同時左掌從右肩膀前俯掌，右掌仰掌相合，然後左掌向前穿出（圖223、圖224）。接上勢，回身右掌再向右前方穿出。（圖225、圖226）

6.橫掃千軍

接上式，身微向左撤，右臂內旋與肩平，然後向右外平摸劃弧，至腰部後掌心向上。（圖227、圖228）

圖221　　　　　圖222　　　　　圖223

圖224　　　　　圖225　　　　　圖226

圖227　　　　　圖228　　　　　圖229

7.紫燕拋剪

動作同上，恕不詳述。（圖229）

8.黃鷹著地

動作同上，恕不詳述。（圖230）

9.紫燕拋剪

右轉身成左紫燕拋剪。（圖231、圖232）

99

圖230　　　　　圖231　　　　　圖232

10.黃鷹著地

動作同上，恕不詳述。（圖 233）

注：八卦掌左右變換，動作相同，唯左右相反，恕不文字說明，附圖於後，以供參考。（圖 234～圖 246）

圖233　　　　　圖234　　　　　圖235

圖236　　　　　圖237　　　　　圖238

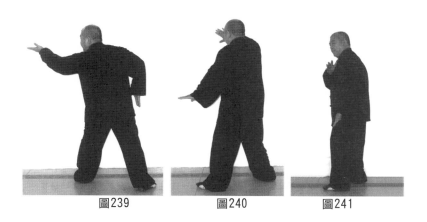

圖239　　　　　圖240　　　　　圖241

圖242　　　　　圖243　　　　　圖244

圖245　　　　　圖246

六、撩陰掌

1.單換掌

走轉一圓圈後，換式成黃鷹著地（圖247）。右掌內旋外帶，然後內旋向左前推出，掌指朝圓心（圖248）。接上勢，下身動作不動，身微左擰，右手外旋上托（圖249）。

接上勢，重心微下坐，手內旋下帶（圖250）。接上勢，重心右移身向右轉，同時手內旋掌心向下平領撐出。（圖251）

【要點】推託帶領一氣呵成。

圖247　　　　　　　　　圖248

圖249　　　　　圖250　　　　　圖251

2.猛虎回頭

接上式，重心移至右腿，虛提左腿，向右微轉。同時左手內旋翻掌置於左臉側。（圖252）

3.金蛇出洞

接上式，左手劃弧下穿。（圖253）

4.猛虎回頭

重心移至左腿，虛提右腿，同時右手內旋翻掌置於右臉側。（圖254、圖255）

圖252

圖253　　　　　圖254　　　　　圖255

5.金蛇出洞

接上式，右手劃弧下穿。（圖256）

6.鷂子鑽天

接上式，重心右移上左步，同時左掌在上，右掌在下相合（圖257）。然後左掌上穿，右掌下滑至丹田部。（圖258）

圖256　　　　　圖257　　　　　圖258

7. 金蛇伏地

接上式，重心移至左腿，右腿下滑成仆步（圖259）。重心右移成弓步，同時右手上撩。（圖260）

圖259

8. 鷂子鑽天

同上式。（圖261、圖262）

圖260　　　　　圖261　　　　　圖262

9.金蛇伏地

同上式。（圖263、264）

10.鷂子鑽天

同上式。（圖265）

11.金蛇伏地

同上式。（圖266、圖267）

圖263　　　　　圖264

圖265　　　　圖266　　　　　圖267

12. 橫掃千軍

重心左移，腰左轉，左手內旋外摩成圈掌。（圖268、圖269）

13. 紫燕拋剪

同上述姿勢，恕不文字說明。（圖270）

14. 黃鷹著地

同上述姿勢。（圖271）

圖268　　　　　　　　　　圖269

圖270　　　　　　　　　　圖271

注：八卦掌左右變換，動作相同，唯左右相反，恕不文字說明，附圖於後，以供參考。（圖272～圖293）

圖272

圖273

圖274

圖275

圖276

圖277

圖278

圖279

圖280

圖281

圖282

圖283

圖284

圖285

圖286

圖287

圖288

圖289

圖290

圖291

圖292

圖293

七、摩身掌

1.單換掌

走轉一圓圈後，換式成右黃鷹著地（圖293）。右掌內旋外帶，然後內旋向左前推出，掌指朝圓心（圖294）。接上勢，下身不動，身微左擰，右手外旋上托（圖295）。接上勢，重心微下坐，手內旋下帶（圖296）。接上勢，重心右移身向右轉，同時手內旋掌心向下平領撐出。（圖297）

【要點】推託帶領一氣呵成。

2.五龍洗爪

接上式，重心右移，上左步成三才步，同時兩手相合上托，（圖298），然後以腕為軸手指上領上刁。（圖299）

圖294　　　　圖295　　　　圖296

圖297　　　　　　圖298　　　　　　圖299

3.金魚合口

　　重心移至左腿，右腳外擺扣圓上，向右轉身，兩前臂內旋成兩手相合。（圖300、圖301）

圖300　　　　　　　　　　圖301

4.五龍洗爪

接上式，重心右移，上左步成三才步，同時兩手相合上托（圖298），然後以腕為軸手指上領上刁。（圖299）

5.金魚合口

重心移至左腿，右腳外擺扣圓上，向右轉身，兩前臂內旋成兩手相合。（圖300、圖301）

6.五龍洗爪

接上式，重心右移，回身，同時兩手相合上托，然後以腕為軸手指上領上刁。（圖302、圖303）

7.金魚合口

重心移至左腿，右腳外擺左腳扣圓上，向右轉身，兩前臂內旋成兩手相合。（圖304）

8.五龍洗爪

接上式，重心右移，上左步成三才步，同時兩手相

圖302

圖303

合上托（圖305），然後以腕為軸手指上領上刁。（圖306、圖307）

9.金魚合口

重心移至左腿，右腳外擺左腳扣圓上，向右轉身，兩前臂內旋成兩手相合。（圖308）

圖304　　　　　　　　　　　圖305

圖306　　　　　　圖307　　　　　　圖308

10. 五龍洗爪

接上式，重心右移，上左步成三才步，同時兩手相合上托，然後以腕為軸手指上領上刁（圖309、圖310）

11. 金魚合口

重心移至左腿，右腳外擺左腳扣圓上，向右轉身，兩前臂內旋成兩手相合。（圖311）

12. 大鵬展翅

向右轉身，右腳向右後撤步，同時右手向下上劃弧。（圖312、圖313）

13. 獅子抖擻

右手下劃至腰部，手臂外旋，掌心向上，左手同時內旋掌心向上放平。（圖314）

圖309　　　　　圖310　　　　　圖311

14. 橫掃千軍

重心右移，上左腳，腰左轉，向左後走轉，左手內旋外摩成圈掌。（圖315、圖316）

15. 紫燕拋剪

同上述姿勢，恕不文字說明。（圖317）

圖312　　　　　圖313　　　　　　　圖314

圖315　　　　　圖316　　　　　圖317

16.黃鷹著地

同上述姿勢。（圖318）

注：八卦掌左右變換，動作相同，唯左右相反，恕不
文字說明，附圖於後，以供參考。（圖319～圖334）

圖318　　　　　圖319　　　　　圖320

圖321　　　　　圖322　　　　　圖323

圖324

圖325

圖326

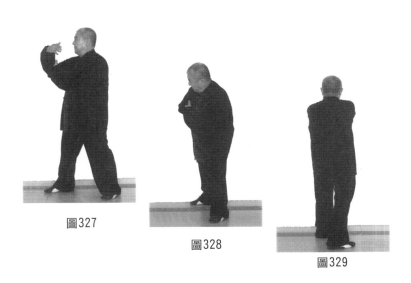

圖327

圖328

圖329

圖330

圖331

圖332

八、揉身掌

1.浮雲遮頂

走轉一圓圈後，換式成右黃鷹著地（圖334）。左手從右腋下穿出呈雙手交叉狀。兩手在頭前劃一圈。（圖335、圖336）

2.回頭望月

向右擰身，雙掌成外推狀，突然向左轉身，雙掌向左拍出。（圖337）

圖333

圖334　　　　　圖335　　　　　圖336

3.風擺楊柳

　　腰向左轉，右手外旋，放於腰側，左手內旋放於胸前，掌心向外成揉身掌式（圖338）。身忽向右轉，扣右步，右手內旋成扣掌，左手外旋附於左腋下。（圖339）

圖337　　　　　圖338　　　　　圖339

4.紫燕抛剪

同上述姿勢，恕不文字說明。（圖340）

圖340

5.黃鷹著地

同上述姿勢。（圖341）

注：八卦掌左右變換，動作相同，唯左右相反，恕不文字說明，附圖於後，以供參考（圖342～圖347）

圖341

圖342

圖343

　　收式：屈膝下蹲成夾馬步，雙臂平抬於胸，兩掌心向上，然後前伸成掌心斜相對，如托球狀，四指自然分開，虎口圓撐，肘尖下垂，含胸圓背，臀部內斂，目視前方（如圖 348）。然後收右腳，身體直立，頭頂肩沉，兩手下垂，兩腳趾扣地，氣抱丹田（圖 349）。

圖 344　　　　　　圖 345　　　　　　圖 346

圖 347　　　　　　圖 348　　　　　　圖 349

八卦掌實戰技法

第一節　八卦掌之技擊方法

　　八卦掌除具有較高的健身作用外，還有較高的技擊價值。八卦掌之掌法，共分八大掌，以應八卦之數，即乾三連，坤六斷，離中虛，坎中滿，震仰盂，艮覆宛，兌上缺，巽下斷。更有八門八法，一掌變八式，八八六十四式，亦有截腿，暗腳。總的要求是，一要走法練精，二要步法練活，三要氣力練足，四要掌法練明。掌法技擊主要準則為：一穿二走三觀四發五定六擄七鑽八翻，八字一體，各盡其妙。

　　出手有四正四隅，動手有四陰四陽，發者生，卸者克，靜者陰，動者陽，變者巧，化者妙。起為滾鑽，勇而有力；落為掙裹，放鬆自然。進有進身；退有退步，閃身，變著。總為四托，四領，四推，四搬，四大綱領。

　　內有八法：抓、擄、帶、崩、撞、搬、扣、托。

　　其法為：領要橫，崩要擢，帶要順，擄要快，托要準，抓要實，撞要猛，扣要緊等。

　　總為：眼明、手快、身靈、步活、發猛、勁狠、神

勇、意隨、志堅、力足、氣充、膽正。

　　八卦掌應敵出手皆走圓弧或弧線。出手虛中有實，實中有虛；實是發打，虛即是變化。進則是退，退亦是進。能化能生，剛而不滯，柔而不散。動若游龍，靜如泰山。凡與敵交手，亦如用兵一樣，意為元帥，眼為先鋒，手足四肢為兵將。

　　搏擊之時要心守神靜，眼明手快，足速步靈。心寧則百脈舒泰，自然輕靈，遇敵而不慌，運用自如；眼明則能窺察敵意圖與動向變化，乘隙而擊之；手快則能出手應招化深得宜，於敵無隙可乘；足速則手快，進退閃展快而穩定，置敵於欲進不能，欲逃不脫之境地。

　　藝不在多，而在於精。所謂三節、四稍、五行、六合、七星、八卦、九宮、十法、八八六十四掌等，以及上述之法，皆為平時操練之要求和方法。而與人交手，則一體一圈變化而已。故兵多不勇，不能取勝，好藝無功，不能勝人。然兵不在多而在勇，藝不在多而在精。尤其八卦掌之法，全在多練，細心揣摩，刻苦鑽研，精益求精，精則變，變則通，通則化，變化無窮。

　　歌曰：

　　　　八卦掌法內藏奇，出手迎敵圈中起。
　　　　滾鑽掙裹圈中演，閃翻進退圈相連。
　　　　推託帶領須走圈，搬扣劈進仍亦然。
　　　　捉拿勾打速其變，封閉閃展顧法嚴。
　　　　指上打下驚敵膽，掌掌摧打不容緩。
　　　　未擊西分先聲東，左攻右進不放鬆。

轉身擄劈加暗腳，脫身換影不留蹤。

剛在先分柔後藏，柔在先分剛後張。

人剛我柔是正方，我剛人柔法亦良。

諸法雖多意為帥，制勝全憑兵將強。

第二節　八卦掌對練

　　八卦掌除有美、體作用之外，更主要的是以技擊內容來表現他的生命力，技擊是武術的靈魂。八卦掌對練法是練習兩人實戰的適應能力，充分體現了八卦掌的走穿擰翻、閃展騰挪之特點。

一、八卦掌對練動作名稱

1. 紫燕拋剪
2. 穿林掌
3. 閃掌
4. 進退三掌
5. 一步三掌
6. 圈掌
7. 一步三掌
8. 刁掌
9. 紫燕拋剪
10. 勾腿切掌
11. 腦後摘盔
12. 雙換掌

13. 雙蓋掌
14. 回身刁手
15. 回身橫掃
16. 進退三掌
17. 雙刁掌
18. 轉身掌
19. 尺靠臂
20. 雙纏手
21. 轉身掌
22. 黃鷹著地
收式

二、對練動作圖解說明

圖解中穿白衣者為甲方，穿黑衣者為乙方。

預備式，甲乙兩人對立站，相距合適。（圖350）

1.紫燕拋剪

甲乙雙方各上左步，出左手，成左交手式（圖351），接著各向右上步，出右手，雙手相交成蓮花狀。（圖352、圖353）

2.穿林掌

接上動，保持圖353姿勢，各往右前走轉一個8字後，再成蓮花手對峙。

3.閃掌

接上動，甲乙雙方右腳向各自的右側方移步，重心移至右腳後左腳再向右上方上步，同時右手內旋往下，再往上外旋劃弧，然後置於右腹部，左前臂外旋上穿成交手蓮

圖350

圖351

花狀（圖354～圖356）。接上勢，左腳向左側前方撤步，同時左手內旋往下，再往上外旋劃弧，然後置於左腹部，右前臂外旋上穿成交手蓮花狀。（圖357）

4.進退三掌

接上式，甲方左腳向左前上步成三才步，同時左手向

圖352

圖353

圖354

圖355

前穿出，乙方右腳向右後退步，同時穿托左手破甲方之穿掌（圖358）。接上勢，甲方右腳向右前上步成三才步，同時右手向前穿出，乙方左腳向左後退步，同時穿托右手破甲方之穿掌（圖359）。接上勢，甲方左腳向左前上步成三才步，同時左手向前穿出，乙方右腳向右後退步，同

圖356

圖357

圖358

圖359

郭氏太極拳

時穿托左手破甲方之穿掌。（圖360）

5.一步三掌

接上式，乙方右腿前移，向前上步，同時穿右掌，甲方退左步出右掌接乙方之手（圖361）。乙方再上左步穿左掌，甲方退左步穿左掌接乙方之手（圖362）。乙方再

圖360

圖361

圖362

圖363

上右步穿右掌，甲方原地穿右掌相接，乙方右手順甲方之
勁下滾變切掌，左手順勢下攦甲方之右腿（圖363）。

6.圈掌

接上式，乙方再往右前方上右步，同時右手打圈掌。
甲方也向右側前方上右步，同時右手打圈掌（圖364）。甲
乙雙方同時走轉成黃鷹著地式。（圖365、圖366）

圖364

圖365

圖366

7.一步三掌

同上式一步三掌，參考之，不再詳述。

8.刁掌

接上式，乙方重心右移成右三才步，右前臂內旋，右手刁住甲方右腕處，甲方同時向右跨步，順乙方之勁走化（圖367）。

乙方不動，甲方右腿繼續向右上步成馬步背對乙方（圖368）。甲動不停，身向左轉，再往右前退一步，乙方隨甲方之勁下刁。（圖369）

9.紫燕抛剪

接上式，甲乙雙方右腳各向左前扣步，隨走隨轉，同時乙方鬆掉扣甲方之手，隨身之左轉成紫燕抛剪式。（圖370）

10.勾腿切掌

接上式，乙方身左轉，重心移至左腿，虛提右腿向前

圖367

圖368

勾掃甲之左腳，同時右手隨之內合外撐。甲方之左腳順乙方之勁上提，同時左掌封住乙方之撐掌（圖371）。

　　動作不停，甲方順勢向右轉360度後，成黃鷹著地式，乙方同時向右前落腳成黃鷹著地式。然後甲乙雙方前臂內旋成切掌相交（圖372）。

圖369

圖370

圖371

圖372

11.腦後摘盔

接上式，乙方向右前挪步，右腳掛甲方之腿，同時右掌內旋向下向前劃弧成扣掌向前打在甲方右肩膀處，左手按接甲方之右手，甲方順乙方之勁虛提右腿。（圖373）

12.雙換掌

接上式，甲方身向左轉360度後成右三才步，同時右掌外旋，左掌內旋成立掌打出問心掌，乙方右腿向前落步，右手外旋左掌內旋成立掌打出問心掌。（圖374）

13.雙蓋掌

接上式，甲乙雙方右手外旋向下向上向前劃弧打出蓋掌，左手放於腰側。（圖375）

14.回身刁手

接上式，甲乙雙方各向右轉身360度，成紫燕拋剪

圖373　　　　　　　　　圖374

式，甲方左手刁扣乙方左手。（圖376）

15.回身橫掃

接上式，甲方向右轉身左手鬆開乙方之手，借右旋之勁右手橫掃圈打。乙方含胸埋頭避之。（圖377）

圖375

圖376

圖377

16.進退三掌

接上式，甲方右腳向前上步，隨走隨變，成三才步，同時左手向前穿出，乙方右腳向右後退步，同時穿托左手破甲方之穿掌（圖378）。

接上勢，甲方左腳向前上步成三才步，同時右手向前穿出，乙方右腳向右後退步，同時穿托右手破甲方之穿掌（圖379）。

接上勢，甲方右腳向右前上步成三才步，同時左手向前穿出，乙方左腳向左後退步，同時穿托左手破甲方之穿掌。（圖380）

17.雙刁掌

接上式，甲乙雙方各向前方上步，同時左掌向前撩刁。（圖381）

圖378

圖379

18. 轉身掌

接上式，甲乙雙方各向左轉身，同時甲方左手、乙方右手下穿至腰際處。（圖382）

19. 尺靠臂

接上式，甲乙雙方繼續左轉，兩臂尺側內裏相交。（圖383）

圖380　　　　　　　　　圖381

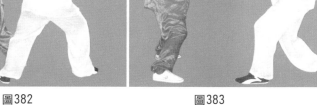

圖382　　　　　　　　　圖383

20.雙纏手

接上式，甲乙雙方兩手臂相交，左前臂內旋，右前臂外旋成纏手狀。（圖384）

21.轉身掌

接上式，甲乙雙方各向前方上步，同時左掌向前撩刁穿托。（圖385、圖386）

圖384

圖385

圖386

22.黃鷹著地

接上式，甲乙雙方各上右腳向前扣步轉身，同時左手上穿內旋成黃鷹著地式。(圖387)

收式：甲乙雙方各收左腿並步站立，左手收回腰間，然後兩手外展平托再下按至胯旁，外旋置於體側。(圖388)

圖387

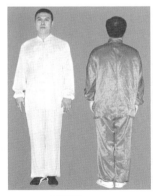

圖388

郭氏太極拳

第三節　八卦掌實戰技法

八卦掌實戰技法，以內功圓滾勁統領一切技法，以推託帶領搬扣劈進為技法之母，變出撕刨攦帶刁旋滑撞等子法。法無定法，因敵變化而成法，最後達隨感而發，先知先覺是為上乘。

圖解中穿黑衣老者為甲方，穿紅衣的年輕人為乙方，穿白衣者為丙方。

一、撞法

(1)甲方兩腳前後分開成右三才步，兩手成仰掌上託，乙方兩腳前後分開成左三才步，左手前穿與甲方左手對峙成蓮花掌。丙方也前後腳分開成左三才步，同時右手向前上穿出與甲方右掌相交成蓮花掌。（圖389）

圖389

140

(2)接上式，甲方借丙方之穿滾之勁突然向左轉身，上左步成左三才步，同時右前臂外旋，掌心向前，掌指向下，左前臂也內旋順化乙方左手之勁，兩掌同時合勁，以丹田鼓蕩之勁向乙方團撞。(圖390、圖391)

(3)接上式，乙方後跌，甲方又借前撞之勁突然右擰身，向丙方團撞。(圖392、圖393)

圖390

圖391

【要點】借力打力，如撥浪鼓狀，左右轉換要快，黏發即走，體現八卦掌技法制人而不傷人之特色。

圖392

圖393

二、刁法

(1)甲方兩腳前後分開成左三才步，左手成切掌放於左胯前，右手上架於右額上方，乙方兩腳前後分開成左三

才步，左手前切，與甲方左手對峙成蓮花掌。丙方也前後腳分開成左三才步，同時右手向前上穿出與甲方右掌相交成蓮花掌。（圖394）

　　(2)乙方右腿向前上成三才步，同時右掌上穿，甲方向左轉身，左手向上刁開乙之左掌。（圖395）

圖394

圖395

(3)接上式，甲方順上刁之勁向右轉身，同時雙手內旋向上向下向右前穿向丙方肋部，可變撕刨擄帶等手法。（圖396）

【要點】回身要快，如水中之驚魚回身。

(4)甲方三才步站立，伸出右手，乙方三才步左手抓住甲之上臂，甲屈肘上刁，然後前臂內旋下壓乙臂，乙方疼痛而下跌。（圖397、圖398）

圖396

圖397

圖398

三、掛法

甲乙雙方成右三才式對峙，甲方突然向前進步，右腿往後掛開乙方之右腿，同時左手搬開乙方右手，右手扣其右肩，使其失重。（圖399）

【要點】掛腿扣掌一氣呵成，要快。

圖399

四、捆法

甲乙雙方成右三才式對峙，甲方突上左步，向右轉身，左手採開乙方之右臂，隨即腰向左擰，右掌隨身轉之勁向乙方左額蓋出。（圖400、圖401）

圖400

圖401

五、蓋法

乙方右三才步穿左掌，甲方右三才步穿右掌破之，同時左掌向前打問心掌（圖402、403），乙方重心後移避之，右腳必虛，甲方左手順勢下攦乙方右腿，同時右前臂內旋向乙方胸部打出蓋掌。（圖404）

六、托法

乙方右三才步，右掌向甲方頭部穿掌，甲方右踩步同時左手上托乙方之前臂，化掉乙方前穿之勁。（圖405）

【要點】上托要準快，是武術中高引高之法，令敵有高不可攀搖搖欲墜之感，重心後仰而跌之。

七、滾法

甲方接上托之勢，左腳順勢向左前上步，同時左手扣

圖402

圖403

圖404　　　　　　　　　　　圖405

拿乙方之右手，右手放於腰間穿出（圖406）。甲方右腳向右前上步，同時轉身右掌向對方左腋下穿出，右前臂內旋滾貼之。（圖407）

　　【要點】扣拿轉身滾臂要一氣呵成，打出八卦掌撢旋之勁。

圖406　　　　　　　　　　　圖407

八、穿法

甲乙丙三人對峙，乙方右掌穿打甲方，甲方穿托化之（圖408、圖409）。甲方借乙方之力忽然回身穿掌打向丙方。（圖410、411）

【要點】借力轉身要恰到時候，要用回閃之勁，不可用僵力。

圖408

圖409

圖410

圖411

九、拍法

　　甲乙雙方對峙相較，甲方向乙方右後繞步，身右擰，左前臂外旋，右前臂內旋成雙拍掌式，打乙方之後背。（圖412、圖413）

【要點】繞步時右手要黏著對方之手順勢下滑再拍之。

十、閃法

甲乙雙方對峙相較，乙方突向甲方頭部打穿掌，甲方向左閃身避之。（圖414）

圖412

圖413

圖414

【要點】甲方要有八卦掌先知先覺之功，才會有騰挪閃展之能。

十一、推法

甲乙雙方對峙相較，甲方順勢右臂內旋向上劃弧，向後下劃弧外旋翻掌，掌心向前，掌指向外向乙方推之。（圖415）

十二、帶法

甲乙雙方對峙相較，乙方向前穿掌，甲方順勢帶之。（圖416）

【要點】帶是往下的勁。

十三、領法

甲乙雙方對峙相較，乙方向前穿掌，甲方順勢領之。（圖417、圖418）

圖415　　　　　　　　　　圖416

【要點】領是向後的勁。

十四、搬法

甲乙雙方對峙相較，貼身纏打時甲方左手封住乙方之左手，右手順勢搬對方之頸。（圖 419）

【要點】搬法主要是八卦掌回手如鉤的扣勁，實戰時可變化搬腰部、腿部等等。

圖417

圖418（圖417附圖）

圖419

十五、扣法

手上扣法：甲乙雙方對峙相較，甲方右手虎口向下扣乙方腕部神門穴處。（圖420）

十六、劈法

甲乙雙方對峙相較，甲方掄劈由上向下向乙方之左肩部立劈出。（圖421）

【要點】劈掌要用整體勁，具體運用時又有橫劈、斜劈等變化。

圖420　　　　　　　　　圖421

十七、進法

甲乙雙方對峙相較，甲方向前穿掌進身，乙方失重跌出。（圖422）

十八、勾法

甲乙雙方對峙相較，甲方左手扣住乙方之手，牽動乙方之重心，然後右腿勾起乙之右腿。（圖423）

圖422

圖423

十九、踹法

甲乙雙方對峙相較，甲方左手扣住乙方之手，牽動乙方之重心，然後右腿掛起乙之右腿（圖424）。接上勢，甲方順勢伸腳踹乙方之左腿。（圖425）

二十、裹法

甲乙雙方對峙相較，

圖424

乙方用右邊腿踢甲方，甲方向左轉身同時內裹提膝頂之。
（圖426）

二十一、踩法

甲乙雙方對峙相較，甲方起右腿踩乙方右腿。（圖
427）

圖425

圖426

圖427

二十二、擺法

甲乙雙方對峙相較，甲方右腳扣乙方右腳，再抬起向乙方外側變擺步。（圖428、圖429）

圖428

圖429

第二部分

八卦刀

綜　述

　　「八卦刀」是八卦拳種的主要器械。此刀術是以刀法為基本內容，結合八卦拳術的動作而編成的套路。刀柄長一尺二寸、刀身長三尺、重七市斤多。

　　自1980年河北武術代表在全國武術觀摩交流大會上表演「八卦刀」連獲三枚金質獎章以來，這一罕見的刀術遂為國內外武術界所注目。

　　此刀術為河北固安縣著名拳師劉寶珍先生授予郭夢申（又名：郭子平），郭傳其長子郭振亞，得以保留至今。劉寶珍受藝於八卦掌大師董海川，董獨傳劉一人八卦刀，劉得真傳後又獨授郭八卦刀，郭子平勤學悟練，青出於藍而勝於藍，乃衍成這一風格獨特新穎的「八卦刀」術的表演套路，為中華武術的繁榮做出了貢獻。

　　「八卦刀」套路又名「夜戰八方刀」。這一刀術套路內容豐富，結構嚴謹，動作優美，風格獨特。全套路共有八趟四十八個動作。演練者，須有八卦拳的基本訓練根基，沿用八卦步法，以擺扣步為主，路線多呈雙圓形，即「8」字形。

　　演練時要求：以腰為軸，以肩催刀，身械協調，刀法隨走隨變，刀隨步活，步隨刀轉，意牽神連，上下相隨，

內外合一，勁力飽滿，一氣呵成。翻轉走穿，如游龍戲水，浪湧波旋；劈斬撩掛，若雲捲霧裹，雨驟風疾。

基本刀法有：穿、刺、劈、掃、撩、掛、雲、折、崩、挑、吊、按、截、鑽、切、裹、推、砍等。

八卦刀動作圖解的說明

1.此刀術套路要求勢勢相承，連接緊湊，演練時如行雲流水，一氣呵成。為了表達清楚，對每個動作都做了分解說明。

2.動作一般按步法、身法、手法、眼法自下而上的順序敘述的。有加「同時」二字的，是要求上下同時進行，要協調連貫。

3.動作的方向，是以人體的前、後、左、右為依據。無論如何轉變，總是以身體面對的方向為前（擬定為南方），背後的方向為後（擬定為北方），身體左方為左（擬定為東方），右方為右（擬定為西方）。範圖所示為面向前起勢，套路則向左右往復，有「8」字形路線，有弧形路線，也有直線路線。

4.本套路演練時間以1分鐘到1分10秒為宜。

八卦刀簡介

　　八卦刀為八卦門器械，在八卦門中甚為流行，凡習八卦掌者，多數都會練八卦刀。

　　八卦刀是以刀術的基本刀法為基礎，結合八卦掌的特點創編的套路內容。

　　八卦刀的規格和其他門的刀規格不同，比一般刀要長、要重一些（刀長四尺二寸，刀柄長一尺二寸，刀身長三尺）。演練起來刀長身矮，但見刀走不見人行，隨著步法的起落擺扣，身法的左轉右旋，變化出劈、紮、撩、砍、抹、帶、攔、拉、截等刀法，綿綿不斷，滔滔不絕，似游龍，如飛鳳，變化萬千。

　　演練此刀與子午鴛鴦鉞一樣，必須有八卦掌的基本功夫。此刀的基本刀法為叼、推、拉、劈、撩、紮、抹、分、截等。

　　推演變化為叼刀截腕、推刀轉環、拉刀平紮、轉身截攔、劈刀轉進、撩尾轉環、紮截削進、護腿剪腕、驚上取下、閃身斬腰等式。

　　其中要點是刀法分清，招招不離身體的變化，腕要強，腰要柔，步要輕靈；其閃轉全在腰之靈活，其進退全在腿之快速；其撩、紮、拿、劈、剁俱在腕之靈活有力。

因此，對腰、腿、腕的練習，是練好此刀的基礎。

　　歌云：四尺二寸八卦刀，吊推劈拉紮為高。

　　八卦刀形似單刀，但體積比普通單刀要大，刀身長度
1米以上，加上把柄全刀可達1.4米，刀重從1.5～2公斤到
3.5～4公斤不等。

　　八卦刀單手執刀，是八卦掌代表性器械。由於刀身較
長，所以有一些獨特的刀法，基本風格為人隨刀轉，不似
普通單刀。同時由於八卦刀較重，對於臂力和腕力是很好
的鍛鍊。

八卦刀動作名稱

起勢
1.吊刀勢
2.葉底藏花
3.托球勢
4.托球行步
5.行步葉底藏花
6.托球勢
7.托球行步
8.游龍戲水
9.托球勢
10.托球行步
11.力劈華山
12.鳳凰回窩
13.夾馬勢按刀
14.吊刀勢
15.葉底藏花
16.托球勢
17.托球行步
18.窺刀勢
19.捧刀勢
20.猛虎回頭
21.順水推舟
22.窺刀勢
23.過梁刀
24.白馬切蹄
25.浮雲遮頂
26.浮雲蓋頂
27.二郎擔山
28.獅子搖頭
29.龍行撩刀
30.折刀勢
31.托球勢
32.托球行步
33.磨盤刀
34.鷂子入林
35.龍行掛刀（掛刀勢）
36.窺刀勢
37.鳳凰回窩

38.夾馬勢按刀

39.吊刀勢

40.葉底藏花

41.托球勢

42.窺刀勢

43.捧刀勢

44.磨盤刀

45.八方刀

46.浮雲遮頂

47.浮雲蓋頂

收勢

八卦刀動作說明及圖解

起　勢

面朝前（南方）直立；兩臂下垂，右手五指自然分開，指尖朝下，左手的拇指與食指緊握刀柄護手盤處，其餘手指鬆握，刀尖朝上，刀刃朝前；目向前平視。（圖1）

【要點】頭要端正，下頜內收，閉唇扣齒，舌頂上齶，兩肩鬆沉，含胸拔背，腰略下坐，精神貫注。

圖1

一、吊刀勢

右腳向右前開步，略寬於肩，右腿微屈；同時右手上舉至頭右前上方，刀刃朝前，刀尖朝左下，左臂微屈外旋，左手向後、向上走弧形繞至左肩向右前方推出，指尖朝上，掌心朝右前方；目視刀鋒。（圖2）

【要點】上步、吊刀、推手要協調一致，用鼻孔吸氣，氣沉丹田；左手食指頂，中指、拇指及無名指掐，手心含空。

二、葉底藏花

左腿微屈，含胸腰先向右微轉再向左擰；同時，左臂外旋微收，隨之向左上擺至頭的左上方，掌心朝右前上方，右臂微下落，順勢刀背沿左肋向左後穿，刀尖朝左後；目視左掌食指。（圖3）

【要點】屈腿、擰腰、裹胸、托手、落刀同時進行，協調一致。

三、托球勢

上動不停。以兩腳掌為軸，身體向左擰轉，屈膝半蹲成左虛步（重心後移，右腿負擔七，左腿負擔三，下

圖2　　　　　　　　　　圖3

圖4

同）；同時，右臂外旋向左前推刀，使刀向左前方弧形穿出，臂微屈，高與肩平，手心朝上，左掌隨身體轉動，托於體左前上方；目視刀尖。（圖4）

【要點】腰盡力左擰，以腰催肩，以肩催手，力達刀尖；右手、右肘要與左腳、左膝上下相合。

四、托球行步

左腳向前活步（腳微前移為活步），內扣，繼而右腳向左前（西北）上步，腳尖外撇，兩腳沿「⌒」形路線共走五步；上體姿勢不變；目隨刀轉視。（圖4）

【要點】行步時身體重心要平穩，兩腳擺扣要清楚，步幅要盡量大些。

五、行步葉底藏花

右腳向右前（南）方上步，腳尖外撇；身體右轉；右手持刀向右後甩至頸後扛在肩上，刀尖向左，刀刃向後，左手內旋外推；左腳向左前上步，腳尖外撇，右腳再上步，腳尖內扣；

右手持刀上舉裹腦，順勢刀尖從腋下沿螺旋形路線向左下穿，左手不動；目視刀尖。（圖5、圖6）

圖5　　　　　　　　　　　　圖6

【要點】甩刀時儘量向右擰腰，穿刀時含胸，左肩下壓，使刀背緊貼腋下，上下協調，快速有力。

六、托球勢

身體左轉，同時右手持刀繼續向左向右前成弧形穿出，刀尖指向西北，左手上托於頭左前方成托球勢。（圖7）

【要點】腰盡力左擰，以腰催肩，以肩催手，力達刀尖；右手、右肘要與左腳、左膝相合。

七、托球行步

左腳向前活步內扣，繼而右腳向前上步外擺，兩腳沿「⌒」形路線共走五步；上肢不變；目隨刀轉視。（圖7）

【要點】行步時身體重心要平穩；兩腳擺扣要清楚，步幅要大些。

圖7　　　　　　　　　　圖8

八、游龍戲水

(1)上動不停。右腳上步，膝微屈；右手拉刀於身體右側向後、向上、向前繞弧形劈刀於腹前，左掌由左上向下、向內繞弧形至胸前，繼而向前上穿出，掌心朝上，掌握指朝前；目視左手。（圖8）

(2)上動不停。左腳上步，腳尖外撇；右手繼續向後拉刀，左臂微屈，左掌外擺；繼而右腳上步，腳尖內扣，同時右手持刀纏頭將刀扛於肩上，臂微屈，刀刃朝上，刀尖向左，左手下落收於右肩前，隨即內旋推掌，掌心向外，掌指朝上；目視刀尖。（圖9）

(3)上動不停。右手持刀臂內旋，向體前折刀，將刀背貼於左腋下；左掌外推；目視刀尖。（圖10）

【要點】窺刀時，身體要展，纏頭時儘量縮胸，兩腿彎曲。快速擰轉，開合明顯，節奏鮮明；上步要快，動作要協調一致。

圖9　　　　　　　　　　　圖10

九、托球勢

左腳向前，身體向左擰轉，屈膝半蹲成左虛步；同時右手持刀，臂外旋，刀尖向左前弧形穿出，肘微屈，高與肩平，掌心朝上，左掌不變，隨身轉動；目視刀尖。（圖11）

圖11

【要點】腰盡力左擰，以腰催肩，以肩催手，力達刀尖；右手、右肘要與左腳、左膝上下相合。

十、托球行步

左腳向左前活步，腳尖外撇，右腳隨之上步，腳尖外撇，上體姿勢不變，沿弧形路線向前共走四步。（圖11）

【要點】行步時身體重心要平穩，兩腳擺扣要清楚，盡量加大步幅。

十一、力劈華山

右腳上步，微屈膝踏實；同時右手持刀向下向後、向上、向前成立圓劈，隨之拉於右胯外側，刀身成水平，刀尖朝前，左手順刀背向前穿出，掌心朝上，與肩同高；目視左手。（圖12）

【要點】刀走立圓，劈刀與拉刀要連貫。

上動不停。左腳上步，右腳再向左前上步；同時右手持刀由後向右劃弧平斬；左手姿勢不變，隨身轉動；目視刀尖。（圖13）

十二、鳳凰回窩

(1)以左腳掌與右腳跟為軸，向右後轉體180°，成右弓步；同時右手持刀隨轉體向後撩刀，當刀接近水平時，臂外旋，使刀刃朝下，左臂內旋，平舉於身體左後方，手心朝下，目隨刀轉視。（圖14）

圖12　　　　　　　圖13

（2）上動不停。左腳向前上步，身體右後轉180°（面向正東），右腳屈膝提起，勾腳尖外撤，高不過膝；同時右手持刀快速回拉並向後反撩，隨轉體右臂外旋上挑，水平置於右肩上方，刀刃朝上，左手附於右手腕部；目視右手。（圖15、圖16）

圖14　　　　　　圖15　　　　　　圖16

(3)右膝外擺下落,以右膝掌為軸,向右後轉體180°,左腿屈膝提起,勾腳尖外撇;同時右手持刀向右前上方紮出,刀刃向前下,左手向左上方斜托,掌心朝上;目視刀尖。(圖16、圖17)

【要點】撩刀與轉身、拉刀與上步、挑刀與提膝、紮刀與換步提膝四動作要連貫協調,一氣呵成;紮刀時身體要充分舒展,快速有力。

十三、夾馬勢按刀

左腳向前落步,身體右轉90°,屈膝半蹲成夾馬勢;右手持刀,隨身體下蹲,按刀於腹前,左手由左上經體前下按,附於右腕;目視刀尖。(圖18)

【要點】夾馬勢兩腳尖正對前方,雙膝內扣,含胸拔背;按刀速度要快。

圖17

圖18

十四、吊刀勢

左腿挺膝伸直成右弓步；右手持刀向右上方提吊，刀柄略高於頭，刀刃向外，刀尖斜朝左下，左掌向前推出；目視刀尖。（圖19）

【要點】吊刀、推手要協調一致，用鼻孔吸氣，氣沉丹田；左手食指頂，中指、大拇指和無名指掐，手心含空。

十五、葉底藏花

以兩腳為軸，身體左轉；右手持刀微下落，順勢刀背沿左肋向後下穿，左手隨轉體向左平擺，掌心向右；目視左前下方。（圖20）

【要點】轉體、擰腰、裹胸、穿刀要連貫協調一致。

圖19

圖20

十六、托球勢

上動不停。身體向左擰轉，屈膝半蹲成左虛步；同時右手持刀臂外旋，將刀向左前弧形穿出，肘微屈，刀高於肩平，手心朝上，左臂隨身體轉動；目視刀尖。（圖21）

十七、托球行步

上體姿勢不變，左腳活步，沿弧形路線向前走四步。（圖21）

【要點】行步時身體重心要平穩；兩腳擺扣要清楚，步幅儘量大些。

十八、窺刀勢

左腳上步；同時右手持刀拉回，經體右側向後、向上、向前劈出，而後拉於腹前，刀尖向前，刀刃向下，左手沿刀背向上穿托；目視刀尖。（圖22）

圖21　　　　　　　　圖22

十九、捧刀勢

右腳向前上步，膝微屈，隨之左腳上步；同時上體稍後仰；右手持刀纏頭經右側向前平斬於胸前，刀刃向左，左手向下、向左、向前弧形繞行附於右腕；目視刀尖。（圖23、圖24）

【要點】纏頭時身體微微後仰，刀背貼身；捧刀時身體儘量前送，但弓步不宜過低；動作上下協調一致。

圖23　　　　　　　　　圖24

二十、猛虎回頭

以左腳掌為軸，向右後轉身180°；右腿腳屈膝提起，勾腳尖外撇，高不過膝；右手持刀內旋外抹橫於胸前，刀刃向前，左手不觸刀背，隨身向外推出，掌指朝上。（圖25、圖25附圖）

【要點】轉身、提膝、擰腰、抹刀要同時進行，協調

| 圖25 | 圖25附圖 |

一致，回身要表現出驚詐猛快。

二十一、順水推舟

右腳落地，再向前沿直線快走兩步；推刀姿勢不變。

【要點】步法要快速平穩。

二十二、窺刀勢

左腳上步；同時右手拉刀於腹前，右臂外旋向後、向前劈刀，左手順刀背向前上穿托，手心向上；目視左手。（圖26、圖26附圖）

【要點】拉刀與左手穿托要協調一致，身體重心落於右腿，左腳全腳掌觸地。

二十三、過梁刀

身體右轉，兩腿微屈；右手持刀從下向上舉，刀身

176

成水平，刀背不觸肩，經頭上向右橫擺扛於肩上，刀刃向上，刀尖朝後，左手經腰間向外托起，掌心向上，指尖朝外，與右手臂對稱；目視右手。（圖27、圖27附圖）

【要點】右手持刀向右橫擺越，與轉體同時進行，要協調一致。

圖26　　　　　　　　圖26附圖

圖27　　　　　　　　圖27附圖

二十四、白馬切蹄

(1)左腿直立，腳尖外撇，右腿屈膝提起，勾腳尖外撇，隨之向左後轉體約135°；同時右手持刀向左下掃撩提起，反手（掌心朝後）吊舉於頭右上方，刀尖斜指前下方，圖28刀刃向前，左手隨轉體稍下沉；目視左手指尖。（圖28）

(2)左腿屈膝下蹲，右腳落地成半夾馬勢；右臂外旋，刀尖向後，繼之向後下劈切於右腿外側，刀刃朝下，刀與右膝同高，左手附於右手腕；目視刀身。（圖29）

【要點】提撩與下切要連貫協調一致，快速有力。

二十五、浮雲遮頂

(1)左腳向前上步；右手持刀向前掃至胸前（形成捧刀勢），左手不變；目視刀尖。（圖30）

圖28

圖29

圖30　　　　　　　　　　　圖31

圖32

（2）身體重心後移；左腿伸直；上體後仰，振胸送髖；兩肘外張。（圖31）

（3）繼前動，右手持刀以腕為軸，在臉前雲刀一周（逆時針方向），左手向外、向前、向裡弧形平繞附於右腕；上體立直；目隨刀轉。（圖32）

【要點】以上三動要連貫協調，雲刀時，上體儘量後仰，使刀在臉前繞平圓。

二十六、浮雲蓋頂

(1)兩腳不動；右手持刀不停，上體後仰，再以順時針方向反雲一周，左手向外推出；上體還原，目視前方。（圖33）

(2)以左腳掌為軸，身體向右後轉，左腿微屈站立，右腿屈膝提起，腳高不過膝，成提膝推刀（面東南）；右手持刀隨體轉拉帶平抹，左手不觸刀外推；目視刀身。（圖34）

【要點】以腰帶刀，轉體推刀要猛、快。

二十七、二郎擔山

(1)右腳向右後落地，左腳隨之內扣上步；身體向右後擰轉270°；右手持刀隨體轉，使刀向右後平甩外旋將刀扛於肩上，左手向左推掌，掌心向左，掌指朝上；目視右

圖33　　　　　　　　　　　　圖34

手。（圖35）

(2)右腳向右擺步；身體右轉90°；左腳上步內扣，以左腳掌為軸，右腳提起勾腳尖外撤，身體向右後擰轉270°；隨之，右腳落地左手與右手扛刀姿勢不變；目視右手。（圖36）

(3)照上動作(2)，連續再轉兩周。

圖35　　　　　　　　　　圖36

【要點】左腳上步儘量內扣，擺步時提膝外展與擰腰同時進行，旋轉速度要快，重心要平穩。

二十八、獅子搖頭

(1)左腳向左活步（面北）；身體向右擰腰轉體，低頭含胸下壓；左手向上、向右（東北）、向下弧形繞動至腹前，右手持刀不變；目視下方。（圖37）

(2)經葉底藏花，接作托球勢。（圖38）

圖37

圖38

【要點】左臂下壓，含胸低頭，低頭動作要儘量加大。

二十九、龍行撩刀（撩刀勢）

(1)身體稍左轉；右手持刀上舉向左後劈刀；右腿活步，右腳上步，腳尖外撇，左腳隨之上步，腳尖內扣；同時右手持刀隨上步向下、向前、向右上撩起，刀刃向上，手心向外，左手向裡稍收下壓，再穿托上舉；目隨刀走。為左撩刀。（圖39）

(2)上動不停。左腳上步，腳尖外撇，右腳上步，腳尖內扣，左腳再上步，腳尖外撇；同時右手向後、向下、向前、向上撩刀於頭前，刀刃向上，刀尖向西南；左手向下經胸前向左、向上方弧形繞動；目隨刀走。為右撩刀。（圖40）

(3)重複做左撩刀，如圖38。計三個撩刀成「⌒」形

路線前進。

【要點】上步與撩刀同時進行，協調一致；撩刀時，刀在體側繞立圓。

三十、折刀勢

右腳上步，腳尖內扣，左腳上步，腳尖外撇，右腳再上步；身體左後轉體270°（面東）；右手持刀隨右腳上步向後、向下與腰平時再向前、向左平、掃、折刀於胸前，右臂微屈，刀尖向後，刀刃向左前，左手隨體向左後平擺；目視刀。（圖41）

【要點】目隨刀走，轉身、掃刀、斬刀要連貫，並要快速有力。

圖39   圖40   圖41

三十一、托球勢

左腳向前（東）上步，右腳尖內扣；身體向左擰轉

（經葉底藏花），屈膝半蹲成虛步（面向東北）；同時右臂外旋向左前推，使刀尖向左前弧形穿出，指東南，臂微屈，高於肩平，手心朝上，左臂隨身體擰轉；目視刀尖。（圖42）

【要點】同第三動作。

三十二、托球行步

左腳向左前活步，腳尖內扣，右腳向前上步，腳尖外撇，連續沿弧形走五步；上肢不變；目視刀尖。（圖42）

三十三、磨盤刀

(1)以左腳掌為軸，身體右後轉180°；右腿屈膝提起，腳尖外撇；右手隨轉體手腕內翻向外向後平抹，刀刃向前稍低於肩，左手不觸刀背前推；目視刀背。（圖43）

圖42　　　　　　　　圖43

(2)右腳上步外擺，左腳上步內扣，右腳再上步外擺，左腳再上步內扣，右腳再上步（共五步），上體姿勢不變；目隨刀轉。

【要點】擺扣步要清楚，重心平穩，上體儘量右擰。

三十四、鷂子入林

(1)左腳向前（東）上步，身體右轉面向南；右手向後下劈，刀刃向後。（圖44）

(2)兩腳不動；右手持刀外旋上挑，刀刃向右（西），刀尖向左斜上，左手不動；目視刀身。（圖45）

(3)上動不停，右手持刀反手上掛於頭上，左掌收於體側，掌心向前，指尖向左；目視刀尖。（圖46）

(4)左腿屈膝，身體盡力向左側屈；右手以刀尖領先向下，向右沿右腿外側穿出；同時左掌向左上穿，掌心朝上；目隨刀走。（圖47）

圖44

185

(5)左腿蹬直,右腿屈膝;身體稍右轉;同時右手也繼續向右(西)穿出,繼之右腿蹬直,右臂外旋,刀刃向下,左手不動;目視刀尖。(圖48)

【要點】上體儘量側屈,穿刀時身體儘量前俯,右臂接近地面穿出,快速有力。

圖45　　　　　　　　　　圖46

圖47　　　　　　　　　　圖48

三十五、龍形掛刀（掛刀勢）

(1)**右掛刀勢**：身體重心後移至左腳，右腿屈膝提起，勾腳尖外撇；右手持刀挑於肩上，左手從後向上、向前、向下弧形繞行附於右手腕。（圖49）

右腳向右後落步（東北）；右手持刀向後下穿，左手不變；目視刀尖。

左腳向右前（東北）上步，腳尖外撇；右手持刀繼續向下、向上、向左掛刀於頭前，刀刃向上，刀尖向左（西北），左手不變；目視刀尖。（圖50）

(2)**左掛刀勢**：左腳活步，腳尖外撇，右腳向左前（西南）上步，腳尖內扣，左腳再向左前兩步，腳尖外撇，右腳再向左前上步，腳尖外展，四步沿「ㄧ」形路線前進；右手持刀使刀尖向下、向左後、向上掛刀於頭上方，左手不變；目視刀尖。

圖49　　　　　　　　圖50

(3)**右掛刀**：同上動作，方向相反。

【要點】掛刀時，左掛身體向左擰，右掛身體向右擰。以腰帶刀，刀經體側繞立圓，快速有力，擺扣清楚。

三十六、窺刀勢

左腳向左前（西南）上步；右手下落拉刀於腹前，刀刃向左（西南），刀尖斜向上，左手順刀背向上穿托；目視左手。（圖51）

三十七、鳳凰回窩

(1)以左腳掌為軸，身體右後轉180°；右腿屈膝提起，勾腳尖外撇，高不過膝；同時右手持刀隨轉體向後反撩，隨之臂外旋挑刀於肩上，左手附於右手腕；目視右手。（圖52）

圖51

圖52

(2)右膝外擺下落，以右腳掌為軸，向右後轉體，左腿屈膝提起，勾腳尖外撇；同時右手持刀向斜上方紮出，刀刃向前，左掌向左上托起；目視刀尖。（圖53）

三十八、夾馬勢按刀

左腳落地，身體向右轉屈膝下蹲成夾馬勢；右手隨身體下蹲按壓於胸前，左手附於右手腕上；目視刀尖。（圖54、圖54附圖）

三十九、吊刀勢

左腿蹬直，右腿微屈；同時右手向右上方吊刀，略高於頭，刀刃向前，刀尖指向左斜下，左手從刀背向右前方推出，掌心向前，掌指朝上。（圖55）

圖53

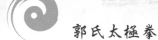

圖54　　　　　　　　圖54附圖

圖55

四十、葉底藏花

兩腿微屈，含胸腰向左擰；左臂外旋微收，隨身體轉動左擺至左肩上方，掌心向上，掌指向前，右臂微下落，順勢刀背沿左肋向左後方穿，刀尖指向左後方；目視刀尖。

四十一、托球勢

兩腳掌為軸，身體向左擰轉，屈膝半蹲成虛步；同時右臂外旋向左前推，使刀尖向左前弧形穿出指向西北，臂微屈，與肩同高，手心朝上，左臂隨身體轉動向上托起；目視刀尖。（圖56）

四十二、窺刀勢

右手拉刀於胸腹前，刀尖斜上方，刀刃斜向下，左手順刀背向前穿托於頭前，掌心朝上；目視刀尖。（圖57）

四十三、捧刀勢

左腳後蹬，右腿微屈；身體後仰；右手持刀前送，左手附於右手腕上，兩手向上、向外、向前弧形雲刀平斬捧於胸前，刀刃朝左；左手附於右手腕；目視刀尖。（圖58）

【要點】同第十九動作。

圖56　　　　　　　　　圖57

四十四、磨盤刀

(1)以左腳為軸右後轉體180°（面東），右腿屈膝提起，勾腳尖外撇；同時右臂內旋向外，向後（東）平抹，刀刃向前（東），稍低於肩，左手不觸刀前推，掌心向前，掌指向上；目視刀身。（圖59）

(2)右腳落地外撇，屈膝半蹲，左腳上步內扣，右腳上步外撇，左腳再上步內扣，右腳再上步外撇（共五步），身體轉一周半；上肢不變；目隨刀走。

【要點】同第三十三動作。

四十五、八方刀

(1)左腳上步；右手持刀於腹前，左手向前上穿托，掌同肩高；目視刀尖，成窺刀勢。（圖60）

(2)左腳尖內扣，向右轉體面向東；同時右手持刀纏

圖58　　　　　　　　圖59

頭扛於肩上，刀刃向上，左手經胸前向左推掌；目隨刀走。（圖61）

（3）右腳向前上步；同時右手持刀向南劈成劈南勢，左臂伸直後舉，掌心朝左，掌指朝後；目視刀尖。（圖62）

（4）左腳向前（南）上步；身體右後轉；同時右臂外旋，刀尖向前下做腕花，而後拉刀於腹前，左手順刀背向上穿托掌，成窺南勢。（圖63）

圖60　　　　　　　　　　圖61

圖62　　　　　　　　　　圖63

(5)左腳尖內扣；右手持刀纏頭扛於肩上，左手經胸前向左推掌；目視右手。（圖64）

(6)身體再稍向右轉活右步；右手持刀向東北劈成劈東北勢，左臂伸直後舉掌指朝後，掌心朝左；目視刀尖。（圖65）

(7)左腳上步（東北），腳尖內扣；同時右臂外旋右手持刀，刀尖向前下做腕花，而後拉刀於腹前，左手順刀背向前上穿托掌，成窺東北勢；目視刀尖。（圖66）

(8)左腳內扣；身體右轉；右手持刀纏頭扛肩上，左手經胸前向左推掌；目視左手。（圖67）

(9)身體稍右轉（面西）；右腳活步；右手持刀向西劈，成劈西勢，左手臂伸直後舉，掌指朝後，掌心朝左；目視刀尖。（圖68）

(10)左腳上步；同時右手持刀，刀尖向前下做腕花，而後拉刀於腹前，左手順刀背向前上穿托掌，成窺西勢；目視刀尖。（圖69）

圖64　　　　　　　　圖65

圖66　　　　　　　　　　　圖67

圖68　　　　　　　　　　　圖69

　　(11)以左腳跟為軸，身體右後轉180°；同時右腳活步；右手持刀纏頭扛於肩上，繼之向前劈下，成劈東南勢，左手經胸前向西推穿，掌心朝左，掌指朝後，目視刀尖。(圖70)

　　以上為八方刀的前四刀，即窺西北勢，劈南勢；窺南勢，劈東北勢；窺東北勢，劈西勢；窺西勢，劈東南勢。

圖70

在完成第四刀窺西劈東南勢後，接著左腳上步成「窺
東南勢」；纏頭扛刀，右後轉身180°成「劈北勢」；窺北
劈西南勢；窺西南劈東勢；窺東劈西北勢；以上共為「八
窺刀八劈刀勢」或稱八方刀。

【要點】窺刀時，腕花與上步、托掌、劈力時，轉
身含胸立圓劈刀，要連貫協調一致；八刀動作，要快速緊
湊，一氣呵成。使用大刀時，由於刀重，右手持刀挽腕花
時，大臂要夾在肋間，以保證刀速。

四十六、浮雲遮頂

在第八刀劈西北勢結束，接做「窺西北勢」。（圖
71）

繼而，左腳向右活步（北），身體右轉上體後仰；同
時右手持刀逆時針方向，在頭上雲刀一周斬於胸前，左手
扶於右手腕；目視刀尖。（圖72、圖73）

四十七、浮雲蓋頂

　　右手持刀再以順時針方向反雲一周；隨即以左腳掌為軸，右腳提起向右後轉體90°（面東）；右手持刀向外抹於胸前，刀刃向外（東），左手不觸刀外推，臂微屈，掌心向前（東）；目視刀身。（圖74）

圖71

圖72

圖73

圖74

圖75

收勢

(1) 右腳外撇落地，左腳上步；右手持刀上舉裹腦，左掌向下收於胸前，掌心向下。（圖75）

(2) 左腳踏實，右腳上步，右手刀下落於左手上；目視右手。（圖76）

(3) 左腳向前成虛步；同時左手抓刀盤下落身體左側，右手向頭右後上舉亮掌，掌心向上，指尖向左；目視前方。（圖77）

(4) 左腳收回右腳併攏成立正姿勢；右手經體側下落收抱於右腰間；目視前方。右手再下落還原。（圖78）

圖76　　　　圖77　　　　圖78

八卦對刀

一、起勢抱刀

甲乙雙方，抱刀直立（圖1）。穿黑衣者為甲，穿白衣者為乙。

二、吊刀出勢

甲乙雙方各向右前跨一步成三才步，腰往右擰，同時持刀之右手內旋，提至頭頂右側。刀尖下掉，刀刃向前。眼神相互注視。（圖2）

圖1　　　　　　　　　　　　　圖2

【要點】跨步提刀要協調整體。

三、葉底藏花

甲乙雙方，腿微屈，含胸腰向左擰；同時，左臂外旋微收，隨之向左上擺至頭的左上方，掌心朝右前上方，右臂微下落，順勢刀背沿左肋向左後穿，刀尖朝左後；目視刀尖。（圖3）

【要點】屈腿、擰腰、裹胸、托手、落刀同時進行，協調一致。

四、托球

上動不停。甲乙雙方以兩腳掌為軸，身體向左擰轉，屈膝半蹲成左三才步；同時，右前臂外旋向左前推刀，使刀尖向左前弧形穿出，指向左前方，臂微屈，高與肩平，手心朝上，左掌隨身體轉動，托於體左前上方；目視刀尖。（圖4）

圖3　　　　　　　　　　　　圖4

【要點】腰盡力左擰，以腰催肩，以肩催手，力達刀尖；右手、右肘要與左腳、左膝上下相合。

五、托球行步

左腳向前活步內扣，繼而右腳向前上步外擺，兩腳沿「⌒」形路線共走五步；上肢不變；目隨刀轉視。（圖4）

【要點】行步時身體重心要平穩；兩腳擺扣要清楚，步幅要大些。

六、行步葉底藏花

右腳向右前方上步，腳尖外撇；身體右轉；右手持刀向右後甩至頸後扛在肩上，刀尖向左，刀刃向後，左手內旋外推；左腳向左前上步，腳尖外撇，右腳再上步，腳尖內扣；右手持刀早舉裹腦，順勢刀尖從腋下沿螺旋形路線向左下穿，左手不動；目視刀尖。（圖5、圖6）

圖5

圖6

【要點】甩刀時儘量向右擰腰，穿刀時含胸，左肩下壓，使刀背緊貼腋下，上下協調，快速有力。

七、托球搭刀式

上動不停。甲乙雙方，以兩腳掌為軸，身體向左擰轉，屈膝半蹲成左三才步；同時，右前臂外旋向左前推刀，使刀尖向左前弧形穿出，指向左前方，兩刀相交搭，臂微屈，高與肩平，手心朝上，左掌隨身體轉動，托於體左前上方；目視刀尖。（圖7）

【要點】腰盡力左擰，以腰催肩，以肩催手，力達刀尖；右手、右肘要與左腳、左膝上下相合。

八、劈山撩刀

接上式，走轉一周後，甲向下後抽刀向前劈乙方頭部，乙方上撩架刀。（圖8）

圖7

【要點】甲乙雙方動作要一致協調。

九、切蹄抽刀

接上式，甲前臂順勢外旋，翻壓乙方之刀，同時下切乙之左腿。乙方往下後抽刀。（圖9）

圖8　　　　　　　　　圖9

十、反刺雲刀

接上式，身向右擰，同時翻身向後反刺乙甲方之頭部，甲方隨下切之勢向後仰身，同時手內旋向上雲刀，化甲之刺刀。（圖10）

十一、獻把截掛

接上式，甲順式雲刀後向前捧刀攔乙方之腰部，乙方上左步閃避之，甲方見刀勢走空，上右步折刀，向右擰身用刀把打乙方，乙方落步用刀把掛開甲之刀把。（圖11）

十二、截臂帶腰

接上式，乙方前臂外旋，刀鋒對甲截其臂。甲方順勢

圖10

圖11

折刀化乙之刀，同時向右帶刀擊其腰部。（圖12）

十三、下鑽按刀

接上式，乙方向左旋閃避之，然後右仆步下鑽刀刺甲之襠部，甲向右旋轉360°後避之下按刀。（圖13）

圖12

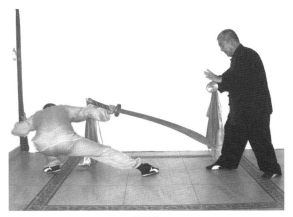

圖13

十四、崩刀推抹

接上式,乙方起身成崩刀,甲方向右閃身順乙之刀身推抹,乙方提刀破之。(圖14、圖15)

十五、提刀返刺

接上式,乙方繼續提刀,甲方右腳向左後扣步,抑身返刺乙方,乙方刀提頭頂處破之。(圖16)

十六、潑刀閃撩

接上式,甲方重心前移至右腿,成大叉步,同時手向前下後掄潑,左掌前穿。乙方向左閃化撩甲之刀。(圖17)

十七、折刀磨盤

接上式,乙方向左閃化上步,左手外旋折刀成托球

圖14　　　　　　　　　　圖15

狀，甲向右轉身閃化黏住乙刀上滑封住乙方之刀。（圖18）

十八、擔山掛刀

接上式，甲向右行步，雲刀旋轉過頭放肩膀上，乙方向右走轉掛刀。（圖19）

圖16　　　　　　　　　　　圖17

圖18　　　　　　　　　　　圖19

十九、捧刀撩刀

接上式，甲身左轉，刀向乙方左脖雲捧出（圖20），乙方向左蹲身閃化，避甲之刀同時撩帶甲之腰部。（圖21）

二十、攔刀撩刀

接上式，乙方蹲身吞化後，轉身向甲方脖子攔抹，甲

圖20　　　　　　　　　　圖21

圖22　　　　　　　　　　圖23

方向左蹲身閃化，避乙之刀同時撩帶乙之腰部。（圖22～圖24）

二十一、裹刺崩壓

接上式，甲乙皆向左轉腰，身子內裹刀背相較（圖25），乙方順勢向前走轉反刺甲方（圖26）。乙方順勢外旋反崩甲方，甲方向左閃身同時壓推乙方之刀（圖27）。

圖24

圖25

圖26

圖27

圖28

二十二、黏化走轉

接上式，乙方順甲之勁後退走轉（圖27）。乙方翻轉刀鋒向前推甲方。（圖28）

【要點】身隨步走，刀隨身轉。

二十三、甩刀收式

接上式，甲乙雙方各向右後方甩刀（圖29、圖30），掄一圈後交刀於左手（圖31、圖32）。甲方向前上步並步站立左手抱刀，乙方向左後轉身，並步站立，左手抱刀。（圖33、圖34）

圖29　　　　　　　　　圖30

圖31　　　　　　　　圖32

圖33　　　　　　　　圖34

八卦刀刀點字法

一、穿法

甲乙雙方對手（穿黑衣者為甲方，穿白衣者為乙方，下同），乙方持槍紮甲方，甲方向左閃身以刀身中上部格開乙方之槍，同時刀尖刺乙方。（圖1）

二、刺法

(1)甲乙雙方對手，乙方持槍紮甲方，甲方向左閃身隨即出刀刺乙方。（圖2）

圖1

　　(2)乙方持槍上架甲方之刀，甲方順勢反刺乙頭部。
（圖3）

　　(3)乙方持槍紮甲方頭部，甲方上格乙方之槍，順勢
反刺乙方。（圖4）

圖2

圖3

圖4

三、劈法

(1)甲乙雙方對手，乙方持槍反把擊甲方，甲方順勢滑劈乙方。(圖5)

圖5

(2)甲乙雙方對手，乙方持槍劈甲方，甲方快速攔劈乙方腰部。（圖6）

四、掃法

甲乙雙方對手，甲以掃刀掃乙之腿部，乙方以槍把擋之。（圖7、圖8）

圖6　　　　　　　　　　圖7

圖8

五、撩法

(1)甲乙雙方對手，甲刀鋒向乙方撩出，乙方以槍身擋之。（圖9）

(2)乙方持槍刺甲方頭部，甲方前臂內旋提撩刀破之。（圖10）

圖9

圖10

六、掛法

甲乙雙方對手，乙方持槍紮甲方腰部，甲方閃身隨即出刀掛開乙方之槍。（圖11、圖12）

圖11

圖12

七、雲法

甲乙雙方對手，乙方持槍紮甲方頭部，甲向後仰身同時雲架刀破乙方之槍。（圖13）

八、裹法

甲乙雙方對手，乙方持槍紮甲方，甲方向左閃身用刀背裹磕開乙方之槍。（圖14）

圖13

圖14

九、崩法

甲乙雙方對手，甲方刀尖上崩乙方，乙方持槍壓之。
（圖15）

十、挑法

甲乙雙方對手，甲方抓黏住乙方之槍，同時右手持刀挑甲方之手腕。（圖16）

圖15

圖16

十一、吊法

甲乙雙方對手，乙方持槍紮甲方頭部，甲方順勢向右閃身，同時吊刀架之。（圖17）

十二、按法

甲乙雙方對手，乙方持槍紮甲方之下盤，甲順勢下按。（圖18）

圖17

圖18

十三、截法

甲乙雙方對手，乙方持槍紮甲方之中盤，甲方截破之。（圖19）

十四、鑽法

甲乙雙方對手，乙方持槍紮甲方之頭部，甲方左轉吞身下鑽反刺乙方。（圖20）

圖19

圖20

十五、切法

甲乙雙方對手，乙方持槍紮甲方之下盤，甲方下切破之。（圖21）

十六、推法

甲乙雙方對手，乙方持槍紮甲方之中盤，甲方折刀化開乙方之槍順勢推之。（圖22）

圖21

圖22

第三部分

八卦劍

八卦劍簡介

　　八卦劍又稱遊身八卦連環劍，劍長一般為三尺八寸，劍身三尺柄八寸，比一般用劍略重，劍柄較長，有時可雙手持劍練習，練習此劍需要有一定的八卦掌基礎，強調用意不用力，以意行氣，以氣運身，以心運劍，劍隨身行，步隨劍動，人劍合一。

　　身法、步法、心法同練掌一樣，故有八卦門的器械練習是八卦掌手臂延長之說。練習起來隨走隨變，隨變隨擊，充分利用劍身劍尖劍根劍閣翻轉變化，達到簡單巧妙的攻擊效果，攻守兼備，攻防一體，進打退打，變打化打，式式相連，上下相隨，連綿不斷，動中求變，以變為法，法無常法，動作緊湊，防守緊密，招法凌厲，法簡意深，技法巧妙，如行雲流水，時而飛流直下，時而若雲緩行，時而電閃雷鳴，時而清風拂柳。身行如游龍，劍走似飛鳳。快而不亂，靜而不滯，柔而不僵，按要領多加練習揣摩，自有真意。

　　劍為尊，槍為王，自古文武傑士無不好之。此劍由郭子平傳郭振亞下再傳郭浩。

八卦劍劍法名稱

1.預備式
2.葉底藏花
3.行步
4.浮雲遮頂
5.金龍纏身
6.鷂子入林
7.劃雲見日
8.行步帶劍
9.龍形撩劍
10.回頭斬蛇
11.龍形掛劍
12.游龍戲水
13.劃雲見日
14.回頭斬蛇
15.浮雲遮頂
16.浮雲蓋頂
17.浮雲遮頂
18.背後摘花
19.反手行步

20.烏龍擺尾
21.反手行步
22.陰陽換把
23.回頭斬蛇
24.左右撩劍
25.金龍纏身
26.鷂子入林
27.回頭斬蛇
28.浮雲蓋頂
29.收式

八卦劍動作圖解

一、預備式

雙足並齊，身體直立，左手持劍，食中二指按住劍柄，其餘三指握住劍柄，左手握成劍訣放於左腿側，目視前方。（圖1）

二、葉底藏花

右腿屈膝下蹲，左腿向前屈膝，腳尖點地成左虛步，身體微向右轉，同時左手臂內旋上提橫劍於胸前，右手上

圖1

圖2

提抱劍，眼視左前方。（圖2）

【要點】穗動劍隨，先甩穗再帶劍。

三、行步

接上式，向左轉身，同時右手接劍從腋下穿出，前臂再向外翻轉向右前穿出，左手屈肘成劍指指天狀。保持上述姿勢走轉一圈。（圖3）

四、浮雲遮頂

接上式，走轉後，扣左步，同時右手過頭頂內旋雲劍，左手保持劍指指天狀不變。（圖4）

五、金龍纏身

接上式，下肢不動，同時右手內旋下穿腰間（圖5）。

圖3　　　　　　　　　　　　圖4

圖5　　　　　　　　圖6　　　　　　　　圖7

六、鷂子入林

(1)接上式，身向右轉，腳往外擺，右手外旋翻劍，劍斜左前方，左手成劍指按於右手腕處。(圖6)

(2)重心移到右腳，以右腳掌為軸向右轉身，順勢虛提左腳，劍尖向下掛。(圖7)

(3)順上勢左腳向右前落步成弓步，再向右轉身成仆步，同時右手內旋劍向下反穿，然後成右弓步右手外旋持劍刺出。(圖8、圖9)

七、劃雲見日

(1)重心左移成右三才步，同時右手持劍往左上方劃弧撩出。(圖10)

(2)接上動，向右轉身，同時右手內旋劍持平向右抽出。(圖11)

八、行步帶劍

保持（圖11）姿勢走轉一圈。

圖8

圖9

圖10

圖11

九、龍形撩劍

接上式，走轉不停，順勢變右上撩式（圖12）走「S」，再變左上撩式（圖13）走「S」路線。

十、回頭斬蛇

接上式，走轉到右撩式時定步向右轉身成倒插步，右手向右後劃弧，劍向後潑出。（圖14、圖15）

圖12

圖13

圖14

十一、龍形掛劍

接上式，左腳向右前上步成三才步，身向左轉，同時右手臂外旋劃弧，劍隨之走立圓向下掛出。眼視劍尖（圖16）。保持上述姿勢走轉一個「S」形。再向右掛劍（圖17、圖18）走轉一個「S」形。

十二、游龍戲水

接上式，定步向左右掛劍。（參考圖17、圖18）

圖15　　　　　　　　　圖16

圖17　　　　　　　　　圖18

十三、劃雲見日

接上式，向右轉身，劍平帶走轉一圈。（圖19）

十四、回頭斬蛇

接上式，向右轉圈順勁向右後劃弧，劍向後潑出。
（圖20）

十五、浮雲遮頂

接上式，右手向上劃弧提劍，左手接劍，身向左轉，
左手內轉向左外雲劍。（圖21、圖22）

十六、浮雲蓋頂

向右轉身，同時左手外旋雲劍。（圖23、圖24）

圖19

圖20

圖21 圖22 圖23

十七、浮雲遮頂

身向左轉，左手內轉向左外雲劍。（圖25）

圖24

圖25

十八、背後摘花

接上式，劍尖往背後右側穿，劍把在背後命門穴處接劍。（圖 26）

十九、反手行步

接上式，換成右手反把劍，劍尖反刺左前方（圖27），保持上述姿勢走轉一圈。

二十、烏龍擺尾

接上式，前臂外旋劍尖向前、上、後、下方刺出。（圖 28～圖 30）

二十一、反手行步

接上式，換成右手反把劍，劍尖向上左前反刺（圖

圖26   圖27

31），保持上述姿勢走轉一「S」圈。

圖28　　　　　　　　　　圖29

圖30　　　　　　　　　　圖31

二十二、陰陽換把

接上式，右手內旋，劍尖順時針轉一圈，換成正把握劍。（圖32、圖33）

二十三、回頭斬蛇

接上式，順勢左轉身，右撩劍，隨即右轉向右後轉身成倒插步右手向右後劃弧，劍向後潑出。（圖34、圖35）

圖32   圖33

圖34   圖35

二十四、左右撩劍

接上式，向左轉身，同時右手外旋向左上撩（圖36），繼續往左後右前右上右後撩。（圖37～圖39）

圖36

圖37

圖38

圖39

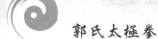

二十五、金龍纏身

接上式，重心移至右腿，右腳尖為軸，向右轉身提左腳同時右手內旋，劍從腰間穿出，左手劍指指天（圖40）。身繼續右轉，左腿落地，劍橫背於腰部。（圖41）

圖40

圖41

二十六、鷂子入林

(1)接上式，以左腳為軸，向右轉身同時虛提右腳，右手順勢外轉上提劍。（圖42）

(2)接上式，身向右轉，右腳往外擺，右手向外向右下刺劍，左手成劍指按於左太陽穴處。（圖43）

(3)重心移到右腳，以右腳

圖42

圖43　　　　　　　　　　　圖44

掌為軸向右轉身，順勢虛提左腳，劍尖向下掛。（圖44）

　　(4)順上勢左腳向右前落步成弓步，再向右轉身成仆步，同時右手內旋劍向下反穿，然後成右弓步右手外旋持劍刺出。（圖45、圖46）

圖45

圖46

二十七、回頭斬蛇

(1)重心左移成右三才步，同時右手持劍往左上方劃弧撩出。（圖47）

(2)接上式，右手順勁向右後劃弧，同時左腳向後退步成倒插步，劍向後潑出。（圖48）

二十八、浮雲蓋頂

右手向上劃弧在頭頂時交劍於左手（圖49），左手繼續雲劍，右手持劍指下劃弧（圖50），身繼續左轉，左腳擺步右腳扣步後踏實，左腳虛點地面，成左虛步，同時左手持劍，右手劍指虛領於頭項。（圖51）

二十九、收式

左腳收回並步直膝，同時右前臂外旋劍指從頭到胸到

圖47　　　　　　　　　　圖48

腹平按至丹田處，然後外旋劍指向下置於右大腿側，目視前方。（圖52）

圖49　　　　　　　　圖50

圖51　　　　　　　　圖52

八卦對劍法

一、預備式

甲乙雙方（穿黑衣者為甲，穿白衣者為乙，下同），兩足並齊，身體直立，左手持劍，食中二指按住劍柄，其餘三指握住劍柄，左手握成劍訣放於左腿側，目視前方。（圖1）

二、葉底藏花

甲乙雙方，雙腿屈膝下蹲，身體微向左轉，同時左手臂內旋上提橫劍於胸前，右手上提抱劍，眼視左前方對

圖1　　　　　　　　　圖2

手。（圖2）

【要點】穗動劍隨，先甩穗再帶劍。

三、托球黏劍

接上式，甲乙雙方，微向左轉身，同時右手接劍從腋下穿出，前臂再向外翻轉向右前穿出，左手屈肘成劍指指天狀，然後向右擺步，再上左腳扣步轉身，以身帶劍，兩劍相黏。（圖3、圖4）

圖3

圖4

四、龍形撩劍

接上式，下身動作不動，上身動作不停，甲乙雙方同時向自身左側倒劍，再向右上撩劍行步，走一「S」形。（圖5、圖6）

五、行步洗劍

接上式，走到甲乙轉身相對，各向左上方撩劍時，

圖5

圖6

兩劍相交，甲方向前行步反刺乙方，乙方後退行步洗劍吞化。甲方欲抽劍後撤時，乙方順勁黏之向前反刺甲方，甲方後退行步吞化之。（圖7、圖8）

六、纏劍推按

接上式，甲稍向左轉身，泄去乙之劍勁，然後右手外旋圈劍纏壓乙之劍，順勢向前行步推之。（圖9）

圖7　　　　　　　　圖8

圖9

乙稍向左轉身，泄去甲之劍勁，然後右手外旋圈劍纏壓甲之劍，順勢向前行步黏刺甲。（圖10）

七、龍鳳相交

　　接上式，甲稍向左轉身，泄去乙之劍勁，然後右手外旋圈劍纏壓乙之劍（圖11），乙抽劍往右轉身向後上潑劍，甲右腳向左前方扣步向右前劃弧向後潑劍，雙劍相交。（圖12）

圖10

圖11　　　　　　　　　　　　圖12

246

八、浮雲遮頂

　　甲乙雙方右手向上劃弧在頭頂時交劍於左手，左手繼續雲劍，右手持劍指下劃弧，身繼續左轉，左腳擺步右腳扣步後踏實，左腳虛點地面，成左虛步，同時左手持劍，右手劍指虛領於頭項。保持以上姿勢走轉半圈後回原位。（圖13、圖14）

圖13　　　　　　　　　　　　圖14

九、收式

　　保持上式姿勢走轉，左腳收回並步直膝，同時右前臂外旋劍指從頭到胸到腹平按至丹田處，然後外旋劍指向下置於右大腿側，目視前方。（圖15）

圖15

八卦劍劍點字法

一、抹法

甲乙雙方對手，乙方持槍紮甲方中盤，甲方向右閃身以劍身黏化乙槍，順勢前抹傷乙方。（圖1）

二、推法

甲乙雙方對手，乙方持槍紮甲方上盤，甲方向右閃身以劍身黏化乙槍（圖2），順勢圈劍下壓前推傷乙方。（圖3、圖4）

圖1

圖2

圖3

圖4

三、撩法

甲乙雙方對手，乙方持槍紮甲方上盤，甲方向右閃身
以劍身黏化乙槍順勢上撩。（圖5）

四、裹法

甲乙雙方對手，乙方持槍紮甲方中盤，甲方向右閃身

圖5

圖6

以劍身黏化裹格乙槍。（圖6）

五、刺法

上刺：甲乙雙方對手，乙方持槍紮甲方上盤，甲方向左閃身以劍身黏化乙槍，並順勢前刺之。（圖7）

反手刺：甲乙雙方對手，乙方持槍紮甲方上盤，甲方背劍而立，突然劍尖倒向乙方反刺之（圖8）。

圖7

圖8

六、挑法

上挑：甲乙雙方對手，乙方持槍紮甲方上盤，甲方向左閃身以劍尖挑乙持槍之手。（圖9）

反手挑：甲乙雙方對手，乙方持槍紮甲方上盤，甲方反手持劍向左閃身黏格乙方之槍，前臂內旋劍尖反挑乙方。（圖10、圖11）

圖9

圖10

七、鑽法

甲乙雙方對手，乙方持槍紮甲方上盤，甲方向左閃過，持劍下鑽。（圖12）

圖11

圖12

第四部分

八卦雙頭蛇

八卦雙頭蛇（槍）簡介

　　八卦雙頭蛇（又名陰陽合把槍）是由董海川先師所傳留的八卦掌門的一種奇門兵器，後由弟子劉寶珍授予郭夢申（字子平），子平傳長子郭振亞，振亞傳長子郭浩，已歷四代傳承。郭子平先生得傳後，根據傳統八卦掌身法步的弧形線特點，依五行、六合、七星、八卦、九宮之理，組成八卦雙頭蛇新的技術體系，強調兩掌合槍黏滑變勢，又名陰陽合把兩頭蛇。槍術演練時要求人槍合一，隨走隨變槍點技法暗含其中，動作翻轉變化當中攻守兼備，似一字長蛇陣擊（頭）首則尾應，擊尾則首應，擊身則首尾皆應，攻防一體，進退自如，進打合一，退打合一，閃打合一，化打合一，動中求變，以變為法，法無常法，動作緊湊，式式相連，連綿不斷，防守緊密，招法凌厲，法簡意深，擊打距離短，節奏快變化，多勁力多變，靜如靈蛇臥洞，動如白蛇吐信，穿梭在九宮八卦之內，時而槍走一線，時而槍掃一片，身似游龍，槍如靈蛇。

　　槍桿為元帥，槍尖為先鋒，意在腰胯中，動靜身械，放長擊遠，長兵短用，槍意相合。又似蛟龍破浪，神龍遊空，流行一氣，動轉藏神，撩掛連環，雙蛇鬥鵲，將雙頭蛇特點發揮得淋漓盡致。

八卦雙頭蛇動作名稱

1. 預備式
2. 禮儀當先
3. 猛虎回頭
4. 托球行步
5. 龍行撩槍
6. 游龍鬧水
7. 龍形掛槍
8. 玉女穿梭
9. 青蛇攪水
10. 橫槍行步
11. 浮雲遮頂（雲槍）
12. 二郎擔山
13. 金蛇纏腰
14. 青龍滑水
15. 蠍子擺尾
16. 橫掃千軍
17. 橫槍行步
18. 蘇秦背劍
19. 橫槍行步
20. 烏蛇漩渦
21. 獅子滾球
22. 青蛇出水
23. 回頭刺蛇
24. 烏龍滑水
25. 抱禮還原
26. 收式

八卦雙頭蛇動作圖解

一、預備式

雙足並齊，身體直立，右手持槍端於右側，左手掌指向下放於左腿側。（圖1）

二、禮儀當先

兩腿屈膝下蹲，右手前伸持槍前推，左手同時合抱用力護於右手成出式動作施禮。（圖2）

三、猛虎回頭

接上式，右手內旋，槍斜向左肩膀倒，身向右轉，左腳向右扣步，同時槍從左肩過樑到右肩，身繼續右轉，重心移到左腳，右腳向外擺步，槍向右肩膀穿出，左掌上穿爭力合

圖1　　　　圖2

勁。（圖3）

四、托球行步

保持上述姿勢走轉行步一圈。（圖4）

圖3

圖4

五、龍行撩槍

接上式，向右轉身行步時扣左腳，同時槍尖往左後側倒，左手掌吸黏槍桿成陰陽合把式，再向下向前撩出（圖5）。行步走轉半圈後向左後上撩之，左掌順槍桿往下黏滑，右掌往上黏滑換把，槍尖轉個立圓，成陰陽合把式，再往右下前撩出（圖6）。行步走轉半圈。

六、游龍鬧水

接上式，向右前撩時，右扣步，槍向左平雲一圈。（圖7、圖8）

七、龍形掛槍

接上式，身向右轉，右手抽槍下掛，再行步左手抽槍下掛。（圖9～圖12）

圖5　　　　　　　　圖6

圖7

圖8

圖9

圖10

圖11

圖12

八、玉女穿梭

接上式，身向右轉，槍往右後穿出（圖13、圖14）。身右轉向前穿槍，再右轉向後梭槍，繼續往後穿槍，再向右穿槍，往右後梭槍，再向左穿槍，再往後梭槍。

【要點】槍穿四方，要快如穿梭，四槍齊發。

九、青蛇攪水

接上式，兩手順時針攪槍。上托下點。（圖15）

【要點】攪槍時槍不離身，貼住腰以腰為支點。

十、橫槍行步

保持上述姿勢，行步走轉一圈。

圖13　　　　　　圖14　　　　　　圖15

十一、浮雲遮頂（雲槍）

接上式，右手提槍過頭頂向左雲槍一圈，下身動作不停，繼續走轉。（圖16）

十二、二郎擔山

接上式，左手接槍，扛在肩膀上，往左轉一圈。（圖17）

圖16

圖17

十三、金蛇纏腰

接上式,槍往右向右繞腰部一圈。(圖18～圖20)

十四、青龍滑水

接上式,橫槍行步走轉一圈後,雙手逆時針反攪槍。
(圖21)

圖18　　　　　　　圖19

圖20　　　　　　　圖21

十五、蠍子擺尾

接上式，槍向後前蓋槍，腳下成左弓右箭步。（圖22、圖23）

十六、橫掃千軍

接上式，左手從背上接槍向左掃槍。（圖24、圖25）

圖22

圖23　　　　　　　　圖24

265

圖25

十七、橫槍行步

接上式，再向左掃槍，然後成圖26動勢，走轉。

十八、蘇秦背劍

接上式，左手向右上左劃弧雲槍成背槍式，右手從背
上接槍向左掃槍。（圖27～圖29）

圖26   圖27   圖28

十九、橫槍行步

接上式，向左掃槍後，成圖30姿勢，走轉。

二十、烏蛇漩渦

接上式，雙手順時針攪槍。（圖30～圖32）

圖29

圖30　　　　　　圖31　　　　　　圖32

二十一、獅子滾球

接上式，順上攪之勢，向前上撩出，向後轉身陰陽合把，再向左撩槍，向右轉身陰陽合把，再向左轉身陰陽合把，再向右撩出。（圖略）

二十二、青蛇出水

接上式，順上撩槍之勢往上起鑽腿。（圖33、圖34）

二十三、回頭刺蛇

接上式，腿往後落步成仆步再重心前移變弓步，同時右手抽槍下刺。（圖35）

二十四、烏龍滑水

接上式，雙手順時針攪槍。（圖36、圖37）

圖33　　　　　圖34

二十五、抱禮還原

兩腿屈膝下蹲，右手前伸持槍前推，左手同時合抱用力護於右手成收式動作施禮。(圖38)

圖35　　　　　　　　　　圖36

圖37　　　　　　　　　　圖38

二十六、收式

雙足並齊，身體直立，右手持槍端於右側，左手掌指
向下放於左腿側。（圖39）

圖39

八卦雙頭蛇對槍

一、預備式

甲乙雙方，雙足並齊，身體直立，右手持槍端於右側，左手掌指向下放於左腿側。（圖略）

注：穿黑衣者為甲，穿白衣者為乙。

二、禮儀當先

甲乙雙方同時兩腿屈膝下蹲，右手前伸持槍前推，左手同時合抱用力護於右手成抱拳端槍施禮狀。（圖1）

三、猛虎回頭

接上式，甲方同時右手內旋，槍斜向左肩膀倒，身向右轉，左腳向右疊步，同時槍從左肩過樑到右肩，身繼續

圖1

右轉，重心移到左腳，右腳向外擺步，槍向右肩膀穿出，左掌上穿掙力合勁。乙方托槍與甲方之槍相交。（圖2、圖3）

四、托球行步

保持上述姿勢走轉行步一圈。（圖3）

圖2

圖3

五、龍行撩槍

接上式，甲乙雙方，向右轉身行步時扣左腳，同時槍尖往左後側倒，左手掌吸黏槍桿成陰陽合把式，再向下向前撩出。

行步走轉半圈後左後上撩之，左掌順槍桿往下黏滑，右掌往上黏滑換把，槍尖轉個立圓，成陰陽合把式，再往右下前撩出。行步走轉半圈「s」形，然後甲乙兩槍對撩相交。（圖4）

六、橫槍裹化

乙方反把橫蓋甲方頭部太陽穴，甲方警起四梢，吸身裹槍化解乙方之槍。（圖5）

圖4

七、轉身挑壓

甲方向右轉身，槍順勢下滑刺乙方之右腳，乙方向左
閃身挪右腳避之，甲方換點上挑。（圖6～圖8）

圖5　　　　　　　　　　圖6

圖7

圖8

八、掃槍蹲身

接上式，乙方向右轉身，左手上提用槍把掃甲方之頭部啞門穴處，甲方聞風聲蹲身低頭避之。（圖9）

圖9

九、蓋槍反架

接上式，甲方避開乙方之掃槍後，向左上提槍，再向右轉身，然後身前俯，雙手合把將槍從後向前順時針蓋出，乙方向右轉身，向左扣步，同時舉槍架甲之槍。（圖10～圖12）

圖10

圖11

十、下刺掛槍

接上勢，甲方起身向左閃身，槍向下刺乙方之腿，乙方向右轉身持槍掛開。（圖13）

圖12

圖13

十一、攔腰絞花

接上式，乙方身往左擰，左腳向左前扣步，同時向右前平圓劃弧攔打甲方之腰，甲方貼腰絞槍化之。（圖14）

圖14

十二、掃掛架轉

接上式，甲方右轉身，右腳向外擺步，同時槍往右下掛，繼續右轉扣左步向乙方掛掃出，乙方架槍擋之，然後兩槍相交走轉行步。（圖15～圖17）

圖15

圖16

圖17

十三、絞槍收式

接上式,走轉半圈後,甲乙雙方順時針攪槍,然後直立收槍抱拳收勢。(圖18、圖19)

圖18

圖19

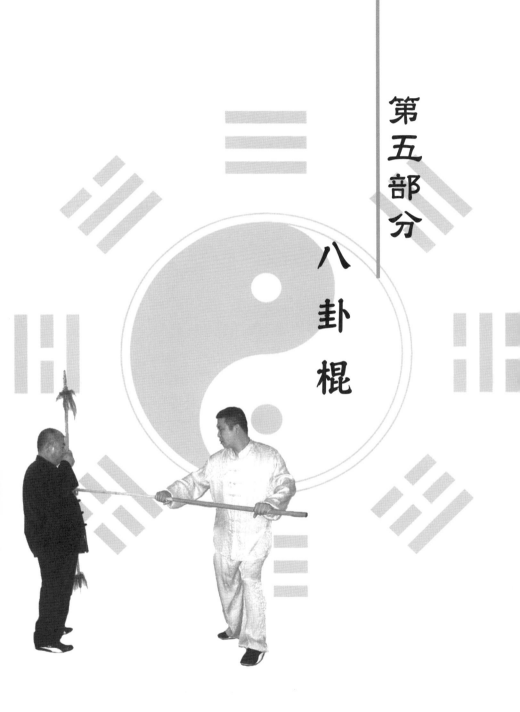

第五部分

八卦棍

八卦棍簡介

　　八卦棍，又名陰陽合把棍，是八卦門的長器械之一，一般棍長1.9公尺左右，要求長棍短用，直棍曲用，以棍帶身。時而棍掃一片，時而鎖、扣、刁、纏，善於變化，以變應變，打中有走，走中有擊，上下滑把，陰陽互參。

　　主要棍法有點、崩、壓、掃、砸、劈、推、纏、挑、撩、架，其總綱在於陰陽合把所化生。輕靈、快捷、圓活、巧妙、整勁、化打是其風格。

　　化打巧打變打，進打退打，擊首則尾應，擊尾則首應，擊身則首尾皆應，攻守兼備。八卦棍在運動中求變化，以變為法，招法緊湊，式式相連，連擊快打，變化多一，法有多意，其中奧妙勤加練習自能明瞭，這套棍法具有較強的實用和觀賞價值。

八卦棍動作名稱

1. 預備式
2. 禮儀當先
3. 猛虎回頭
4. 托球行步
5. 龍行撩棍
6. 攔腰棍
7. 龍形掛棍
8. 浮雲遮頂
9. 回頭望月
10. 浮雲蓋頂
11. 蘇秦背劍
12. 橫掃千軍
13. 金龍戲水
13. 蠍子擺尾
14. 橫棍行步
15. 金龍纏腰
16. 金雞點地
17. 敲山震虎
18. 力劈華山
19. 二郎擔山
20. 棍掃落葉
21. 青龍出水
22. 金龍伏地
23. 青龍戲水
24. 抱禮還原
25. 收式

八卦棍動作圖解

一、預備式

雙足並齊，身體直立，右手持槍端於右側，左手掌指向下放於左腿側。（圖1）

二、禮儀當先

兩腿屈膝下蹲，右手前伸持棍前推，左手同時合抱用力護於右手成抱拳端槍施禮狀（圖2）。

圖1

圖2

三、猛虎回頭

接上式，右手內旋，棍斜向左肩膀倒，身向右轉，左腳向右扣步，同時槍從左肩過樑到右肩，身繼續右轉，重心移到左腳，右腳向外擺步，棍向右肩膀穿出，左掌上穿爭力合勁（圖3）。

四、托球行步

保持上述姿勢走轉行步一圈。（圖3）

五、龍行撩棍

接上式，向右轉身行步時扣左腳，同時棍頭往左後側倒，左手掌吸黏棍身成陰陽合把式，再向下向前撩出。行步走轉半圈後左後上撩之，左掌順棍桿往下黏滑，右掌往上黏滑換把，棍頭轉個立圓，成陰陽合把式，再往右下前

圖3　　　　　　　圖4

285

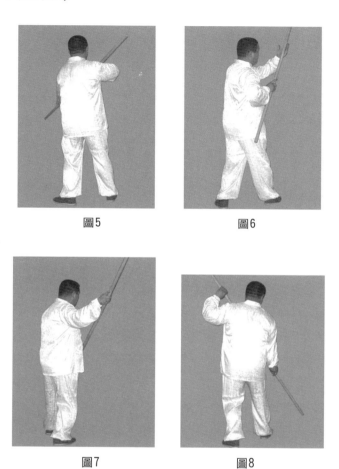

圖5　　　　　　　　圖6

圖7　　　　　　　　圖8

撩出。行步走轉「8」字形圈。（圖4～圖8）

六、攔腰棍

接上式，腳上成三才步，身向左轉，同時雙手持棍向左平腰攔掃出。（圖9、圖10）

【要點】攔棍時棍要貼身，丹田抱氣，用整體勁攔出。

七、龍形掛棍

接上式，身向右轉，右手抽棍下掛，再行步左手抽槍棍下掛，行步走轉「8」字形圈。（圖11）

圖9　　　　　　　　　　　　圖10

圖11

八、浮雲遮頂

接上式，右手提棍過頭頂向左雲棍一圈，下身動作不停，繼續走。（圖12、圖13）

圖12

圖13

圖14

九、回頭望月

下身動作不動，上身動作不停，身向右擰，同時棍向右邊掃出，目視棍尖。（圖14）

十、浮雲蓋頂

接上式，右手提棍過頭頂向右轉雲棍一圈，下身動作不停，繼續走。（圖15）

十一、蘇秦背劍

接上式，棍繼續向右轉成背棍式。（圖 16～圖 19）

圖 15

圖 16

圖 17

圖 18

十二、橫掃千軍

接上式，左手接棍右手合把，往右後下潑棍。（圖20）

十三、金龍戲水

接上式，棍貼身，兩手劃弧向前攪棍。（圖21～圖23）

圖19

圖20

圖21

圖22

十三、蠍子擺尾

接上式，棍向後前蓋槍，腳下成左弓右箭步。（圖
24、圖25）

圖23　　　　　　圖24

圖25

十四、橫棍行步

接上式，再向左掃，然後成圖26動作，左轉。

十五、金龍纏腰

接上式，回身右轉，棍往右繞腰部一圈。（圖27～圖29）

圖26

圖27

圖28

圖29

十六、金雞點地

接上式，上身動作不停，棍向右前點棍（圖30），上身動作不停，棍向左上掄向左下點地。（圖31、圖32）

圖30

圖31

圖32

十七、敲山震虎

接上式，棍向右上劃弧至頭正中時向背後反劈。（圖
33、圖34）

十八、力劈華山

接上式，兩手合住棍把抱勁，從後再向前掄劈。（圖

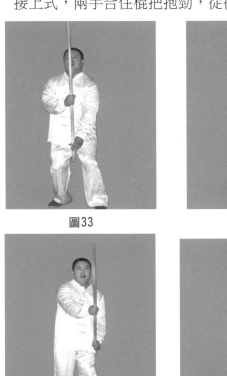

圖33　　　　　　　　圖34

圖35　　　　　　　　圖36

35、圖36）

十九、二郎擔山

　　接上式，身向右轉，右腳向外擺步，左腳向外扣步旋轉，同時棍往右後掄擔於肩膀上。（圖37、圖38）

圖37

圖38

二十、棍掃落葉

接上式，隨右轉之勢，右手內旋握棍反掃向右前下方，隨即再向左扣步轉身，棍往左前方掃一周。（圖39～圖42）

圖39 　　　　　　　圖40

圖41 　　　　　　　圖42

二十一、青龍出水

接上式，棍向前方撩出，隨即提右腿向前上鑽出，身向後仰。（圖43）

二十二、金龍伏地

接上式，腳順勢向後落地，棍向後抽壓。眼視棍尾。（圖44）

二十三、青龍戲水

接上式，雙手順時針攪槍。（圖37、圖38）

二十四、抱禮還原

兩腿屈膝下蹲，右手前伸持槍前推，左手同時合抱用力護於右手成抱拳端槍施禮狀。（圖45～圖48）

圖43　　　　圖44　　　　圖45

二十五、收式

雙足並齊,身體直立,右手持槍端於右側,左手掌指
向下放於左腿側。(圖49)

圖46

圖47

圖48

圖49

八卦對棍

一、預備式

甲乙雙方，雙足並齊，身體直立，右手持棍於右側，左手掌指向下放於左腿側。（圖1）

注：穿黑衣為甲方，白衣為乙方。

二、禮儀當先

甲乙雙方同時兩腿屈膝下蹲，右手前伸持棍前推，左手同時合抱用力護於右手成抱拳端槍施禮狀，甲向右後轉身。（圖2）

圖1　　　　　　　　圖2

三、挑擋潑掛

(1)甲方向左轉身,左手內旋滑把向左上挑打,乙方向前推棍擋之。(圖3)

(2)甲方借乙方前推之勁順勢向右轉身,同時右手滑把向右後潑掃,乙方向右轉身,右手滑把掛開甲方之棍。(圖4)

四、劈架雲擋

(1)甲方左腳向右前上步成三才步,同時左手換把向前上方劈甲方之頭部,乙方速舉棍架之。(圖5)

(2)甲方借上架之勁,順勢向右雲棍反掃乙方,乙方向左閃身豎其棍擋之。(圖6)

五、掃掛滑背

(1)甲方向右前上步,順勢下掃乙方之右腿,乙方右

圖3　　　　　　　　圖4

圖5　　　　　　　　　　圖6

腿向左上步避之，同時滑把掛開甲方之棍。（圖7）

　　(2)甲方向下後劃弧化乙方之掛棍，棍繼續向後掄成背棍狀，乙方之棍順甲方之滑勁向左前劃弧橫擊甲方，同時向左前上步，甲方正好背棍擋之。（圖8、圖9）

圖7　　　　　　　　　　圖8

圖9　　　　　　　　　　圖10

六、攔擋托裏

(1)甲方接乙方之勁，順勢向前上右腳疊步化之，同時左手從背上接棍，雙手合把往右攔打乙方，乙方向右側上步，右手上提左手下滑，豎其棍擋之。（圖10）

(2)甲方向右前上步，左手換把，托棍打乙方，乙方裏勁化之。（圖11）

七、攪棍行步

接上式，乙方沾黏甲方之棍順時針攪棍，甲方聽勁隨之，同時甲乙雙方腳上不停趟步走轉。（圖12～圖15）

八、潑棍走轉

接上式，乙方突向右轉身向後潑棍，甲方擋棍，兩棍相交走轉一圈。（圖16）

圖11　　　　　　　　　　圖12

圖13　　　　　　　　　　圖14

圖15　　　　　　　　　　圖16

九、劈架崩掛

接上式，走轉行步時，甲突然脫棍仰身向乙方頭部反劈，乙方速舉棍上架甲棍（圖17）。甲方借乙方架舉之力，向右擰身，再向乙方打崩棍，乙方用棍身擋之（圖18）。甲方再順勢下掛乙方腿部，乙方截之。（圖19）

十、掃地金波

接上式，乙方順勁換把掃甲方之腿，甲方向右上步換把立棍截之。（圖20）

十一、禮儀還原

走轉過程中，甲乙雙方同時兩腿屈膝下蹲，右手前伸持棍前推，左手同時合抱用力護於右手成抱拳端槍施禮狀。（圖21）

圖17　　　　　　　　　　　圖18

十二、收式

甲乙雙方，雙足並齊，身體直立，右手持棍端於右側，左手掌指向下放於左腿側，甲向右後轉身。（圖22）

圖19　　　　　　　　　　圖20

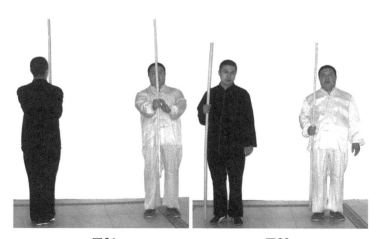

圖21　　　　　　　　　　圖22

附　　錄

劉寶珍軼事

——郭振亞整理

一、幼習戳腳揚名天下

據《固安縣誌》記載：劉寶珍，固安縣東紅寺村人，自幼習武，擅戳腳，功高藝厚。清末在順天府充御馬快，因擅腿功出腿快，人稱「飛腿劉」。

劉寶珍，早年學戳腳，造詣很深，功夫非同小可，一腳能將門踢開，向上一朝天蹬可踢斷上門檻，往下一跺腳可斷地上青磚，腳如手活，在當地早已聞名。

二、董公收徒授八卦

董公（董海川）聞劉之名，訪徒於劉家，劉初見董公，不以為然，董看出劉意，叫他上前試手較技，正合劉意，劉遂起快腿踢之，董公脫身換影讓其快腿處處落空，後以陰陽掌將劉打出，劉遂服，董住劉家三年，傳劉八樁、八式、八掌、穿林掌，並將鎮門絕技八卦刀法、雙頭

蛇和九宮掌獨授予劉，並告知云：你上有師兄尹福，我傳之判官筆及程庭華八卦劍、史繼棟七星杆，你要勤修悟練將八卦掌刀繼承發揚好。並將隨身帶之四尺八長八卦刀送於劉，以傳衣缽。劉不負師望，朝夕研練，技終大成。

三、奇門遁甲捕飛賊

當地有個于豁子，腳心長毛，獨來獨行，輕功超絕，盜人財物於京南一帶，官府遂命劉出主此事，劉用奇門推出初三丁未日，辛亥時值符臨離宮南方，值使景門臨坤宮西南方，騰蛇白虎臨巽宮東南方，死門臨兌宮西方，遂南方進房，取值符必勝之意，於東南方設繩網之，應騰蛇纏縛之象，用鈍鐮割穀之招數，合白虎臨巽之局，並於西方死門堵之。是夜，于豁子果來，劉臥東南房頂已候之，于剛上房就被劉一個鈍鐮割穀蹬於房下繩網。于豁子知今夜逢高人，於繩網內跪地求饒，云：願為好漢牽馬墜鐙，從此改過自新。劉感其誠，遂答應之，從此劉身邊多了個隨從，馬跑有多快，于就跑有多快，協劉辦案。此事在當地耳熟能詳。

四、八卦刀法震群盜

通州府有群盜騷擾當地百姓，盜首外號白騾子，武功卓越。官府命寶珍前去捕之。是夜，寶珍腳穿蹬雲鞋，身穿夜捕衣，腰挎八卦刀，單身騎馬去會白騾子，一進白騾子處，群盜圍而攻之，劉使八卦夜戰八方刀法，將群盜殲滅之，用反背刀將白騾子活捉之。

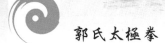

五、參禪修佛隱修行

早年捕快，交手傷人，晚年有悟，感世事之無常，人生之苦短，看破紅塵，於通州佛寺削髮為僧，終生奉誦金剛經，後圓寂於寺中。上述記事皆為郭子平生前所述。

郭孟申記事

—郭振亞整理

一、明師傳藝

郭孟申（1891～1973），又名子平，張村人，人稱郭快手。先隨父郭瑞卿學中醫，後學楊家散手拳，當時楊班侯走鏢路過張村，因一鏢師受傷找郭療傷，郭治好後不收分文，楊感其德，遂成好友，往北京去張村聚之，並將楊家散手拳授之於郭。

郭瑞卿見子平有武學天賦，在子平12歲時拜表親劉寶珍為師學習八卦掌，長達18年，同時學楊家拳。為謙收並蓄各派之長，又拜馬玉堂為師，習形意拳。向楊氏太極第三代嫡傳楊澄甫求教太極拳套路。後從單刀李存義學習絕命十三刀。

二、廣播桃李

1922年，子平與師兄朱國福去上海觀擂，後遇師兄楊德深（吳佩孚的保鏢），三個觀擂研究俄國大力士之技

法，不忍見國人多數敗之，朱國福遂上臺與之較技，打敗了大力士，為國人揚眉吐氣。

後子平與師兄弟形意拳名家馬元基、朱國福、朱國祿、朱國禎、朱國祥、石運潤、石漢章八人赴四川、湖南、湖北、廣東、廣西從事武術活動。後入南京國術館任八卦掌武師，請師兄高振東來國術館任武當門門長，其間與少林王子平較技勝之，獲得了銀墩獎。嗣後，自創武術館五處，高徒遍地，江南馳名。新中國成立之初，參加河北省運動會，獲武術冠軍，國家一級武術裁判。

1950年返家後在本村辦武術會，傳授八卦掌、太極拳、形意拳、少林拳諸藝。1954～1965年，帶固安武術團奔走全國各省市，所到之處，當地武林為之震動，紛紛求學，如到成都時成都體院武術系主任鄭懷賢請子平到院內講學，每天專車接送，其間教了王樹田、張英振八卦散手刀，郭玉奇八卦掌等等，演武獻藝，譽滿武壇。

中國南方的八卦掌，南京國術館為此奠定了基礎，郭孟申（郭子平）任國術館八卦掌武師時，雲南的何福生，以及散居於全國各地的溫敬銘、楊浦雲（女）、郭君氏（女）、王秒帥（女）、廖越清、鄧正立、郭玉奇等人，都是那時候先生班上的學生。

在南京國術館時，經常去長沙分館，多次進行武術表演。郭孟申（郭子平）表演八卦單劍、雙劍，頗受歡迎。秋瑾的丈夫請郭孟申（郭子平）先生去教他的兩個女兒。梅蘭芳先生向郭孟申（郭子平）先生學雙劍，改編成《霸王別姬》中的虞姬舞劍。

後來南京國術館搬到重慶，朱國福去了重慶。郭孟申（郭子平）去了成都，自創武術館，收徒授藝。

朱國福到重慶後，國術館停發工資，朱國福等人自籌資金，復活了國術館。又去成都請郭孟申（郭子平）到重慶國術館教特種班。其餘時間郭則另外設場收徒，教了很多弟子，朱國福與郭子平在南方留下了很多傳奇。

三、比武較技

郭子平一生走南闖北，比武較技無數，嫉惡如仇，在南京時，遇一群流氓欺負一小販，郭上前施展八卦掌走化黏打，將流氓打散。

有一次，郭得了霍亂，上吐下瀉，頭暈無力，恰恰此時來了一位瓢把子的，手提長槍非要比槍法，子平坐椅子上不起來，說你動手吧！只要槍碰到我就算你贏了。兩槍平放於地，槍尖相對，郭子平說抄槍吧。那人抄槍便紮。郭子平坐在椅子上，用槍一崩，將對方連人帶槍崩出去。那人大驚，倒身便跪，就要認師。郭子平沒收。

四、教軍護國

抗日戰爭時，為提高軍隊戰鬥力，馮玉祥將軍薦請朱國福和子平到29軍宋哲元的部隊教刀術，朱國福的刀術屬形意，直截了當的劈刺手法。郭孟申（郭子平）的刀術屬形意絕命刀法，輾轉連環。29軍在抗日戰爭中都用大刀抵禦侵略軍，立下了汗馬功勞。

解放戰爭時，朱德總司令請朱國福、郭子平等編三套

步槍刺殺術，為解放軍提高了戰鬥力。

五、仗義疏財

講究江湖義氣，揮金如土，救濟貧困習以為常，有一次在中央銀行發餉，回家時路過「全家福飯店」，把錢放桌子上，說：今天的賬全包了，隨便吃喝。飯店說用不了那麼多，子平說都放這兒吧。

六、訪道求真

朱國福與郭孟申（郭子平）一同去拜訪峨眉山高僧，切磋武藝，老僧十分高興，對二位武功十分賞識，並傳授了傷科紅藥和接骨方，接骨方中有一樣藥叫拖蛇，只有峨眉山上一棵大樹上才有此蛇，此蛇從樹上掉下來，摔成若干節，但又能自動接好，彈起來掛在樹上，朱國福與郭孟申守在大樹下，守望了二十多天才等到此蛇出來，二人趕緊分節用紙包好，帶回家研成細末，二人分而存之，用了三十年才用完，活人無數。

這期間又去青城山，訪隱修道長，切磋武功，又從道長那學會了道家內丹功和治傷接骨的武醫絕技，1964年子平又去看他，道長已108歲。

七、靜養天年

1963後，郭子平退休賦閑在家，總結一生所學，教授子孫，並寫下諸多習武體會，惜十年動亂，毀之一炬。有長子振亞承其衣缽。

郭振亞記事

—弟子邵英倫等整理

一、幼承家學，勤學苦練

自幼隨父郭孟申習武，先學八卦掌後形意拳、太極拳，郭孟申一生走南闖北，謙收並蓄各派之長，盡授之愛子，郭振亞早打形意拳，晚練八卦掌，其他時間盤打太極拳，形意拳一個崩拳一時辰，打得嗡嗡作響。

晚練八卦掌，在樁上走掌，在林中穿梭，桌上練八卦刀，對窗格刺槍，幾十年如一日，打的形意拳剛中帶柔，走的八卦掌，翩若驚鴻，盤的太極拳，勁浪疊起。其父甚是欣慰，技藝有傳承矣。

二、比武表演，一鳴驚人

上有嚴父相授，加上勤學苦練，1980年38歲的郭振亞已經練就了內家拳。但是那時候，他一心埋頭於練功和教書，默默無聞地當他的教書匠，對於整個武壇的動靜似乎關注不多。

經過廊坊地區和河北省的兩番選拔，郭振亞作為河北代表隊成員之一，參加了1980年5月國家體委在太原舉辦的全國武術觀摩大會。1980年5月22日晚間，山西體育館內，全國各地的武林高手濟濟一堂。在臺上表演的和在台下觀摩的，其亢奮的情緒全部達到了頂峰。這是宏大精

深的中華武術的演練，是技藝和力量的造型，是精神、智慧、風度、氣質的綜合體現。

在器械類第一組中，郭振亞提著他的四尺二寸八卦刀，登臺亮相了。臺上放了一張八仙桌。他施展狸貓上樹的功夫一步跨上桌面，別人弄不清他要幹什麼。他靜靜地掃視了一眼台下萬頭攢動的觀眾，右手握刀，頭正體直，含胸拔背，目光炯炯，全神貫注。然後右腳向右前邁開，上步吊刀，緊接著是葉底藏花、神虎變臉、托球行步、游龍戲水、力劈華山、鳳凰回窩、猛虎回頭、順水推舟、白馬切蹄。在這一張小小的方桌之上，從靜到動，由緩至疾，刀隨步活，步隨刀轉，走穿擰旋，宛如游龍旋舞，閃電凌空。場上驟然爆發出激越的掌聲。此刻，郭振亞的精神愈加昂奮，他的力度和速度全然達到了高潮。身手異常的和諧、迅速、輕靈、熟練，意氣風發，風馳電掣。那把大號的單刀程光瓦亮，在明亮的燈光和數不清的照相機的閃光燈之下，發出了耀眼的明光。

河北省體委武術處南僕處長說，八仙桌上成了一個光團，一座刀山，一個密集的亮疙瘩，大有水潑不進，豆撒不入之勢。直到快要收勢時，他仍是勁力大發，勢如浪湧波翻，簡直不可遏止，他不得不用刀柄猛磕腿部，才倏然收勢。他足踏桌角飛身躍下，面不改色，氣不粗喘。台下立即響起了更加熱烈的掌聲，直到報告下一個節目時才漸漸止息。

下得台來，記者們追到更衣室，問他是否有內功，他輕鬆地說：「當然有，八卦掌內外皆修，沒有內功斷難

如此。」5月23日晚上，郭振亞演練了平地八卦刀。在寬8米、長12米的場地上，絕對跑滿了全場，慢似風擺楊柳，水中漂木，快似游龍戲水，疾風閃電，使人體會了迅雷不及掩耳的含義。與桌上八卦刀相映成趣，相輔相成，充分體現了八卦能大能小，舒展則又緊湊的獨特風格。

在太原鋒芒初露，當之無愧獲得男子組金牌——全國體育競賽優勝獎章。對於這次太原盛況，對於郭振亞的出色武功，中央台、河北台、北京電視臺都播放了，《體育報》、《大公報》、《武林》、《河北日報》、《廊坊日報》都刊登了。

1986年5月中旬，全國傳統武術觀摩賽在徐州舉行。以廊坊和滄州運動員為主的河北省代表隊中，郭振亞成了主力隊員。

坐了一夜火車，上午10點到達徐州。從火車站出來準備換乘市內公共汽車，見一書攤正賣《八卦刀》一書。郭振亞近前一看，賣書人30多歲，那人稍一端詳認出了郭振亞，當即大呼：「這就是《八卦刀》作者！」喊聲一起，圍觀者如堵，紛紛好奇地詢問他此來何干？他說，參加全國武術比賽。圍觀者說，那可得去看看！到了報到地點——徐州體育館招待所，好多人仍然緊跟不捨。

然而徐州會戰是太艱難了，運動員多是歷屆比賽中的金牌獲得者，強手爭雄，自然是非同小可的。況且會議規定，每人必須表演三個項目，單一的表演是不能登臺的。這對技術單一的武術運動員是太苛刻了。郭振亞亮的是八卦掌、八卦刀、八卦反手劍。這俱是他的拿手好戲，全都

別具特色的。

八卦掌中的轉身掌、金龍纏身、摩身掌，八卦刀中的游龍戲水、八方刀、鳳凰回窩，八卦反手劍中的烏龍擺尾，這些高難動作他都做得入神。

郭振亞演練這套劍法時，氣沉丹田，發於肩、發於肘、發於手，旋氣、頂氣、蓄氣，以氣發力，行如龍、動如虎、旋如蛇、坐如獅、攀如猴。燕子入林，張良試劍，旋風掃坪，回頭望月，童子拜佛，毒蛇出洞，烏龍擺尾，燕子出林，劍花點點，花團錦簇。那些反手動作：反刺、反抄、反掛、反鑽、反帶、反雲、反旋，為劍術中所罕見，贏得了武林同道的讚頌。這次比賽的方法，是以三賽的總分數計優劣，郭振亞獲總分第一名，中華人民共和國體育運動委員會給他頒發了雄獅獎牌。

1985 年 5 月，萬木蔥蘢的時節，郭振亞為中央二台《九州方圓》拍攝了《八卦刀》。

國家體委和教育部責成湖北電影製片廠拍攝大型紀錄片《中華傳統武術》，選拍中國武術各門派的代表項目，配國際通用的六種語言推向海外。郭振亞為其演練了八卦刀、八卦反手劍、八卦散手，並和四弟郭尊信練了散手對打。這次對打進行了三次，導演和攝影組的人說，你們每一次對打的內容都各不相同。的確如此，他們是各隨其便打在一處的，玩的是真功夫，絲毫不受套路和格局的限制。

像這樣隨心所欲的散打對練，在 1982 年 5 月河北省武術比賽中，他們對打過一次，那次打得更加精彩和激烈。

四弟郭尊信年輕氣盛，勁力不凡，身手矯健，變化多端，是個很難對付的角色。各自的招數又不受任何限制，完全等同於實戰。這種真殺實砍的特徵，是所有在場的行家確認不疑的。對打共分三場，三場三種打法，三種風格，把形意、八卦、太極三家的功夫和盤托出，使人領略了內家拳的絢麗風光。

第一場，進攻型，雙方採用的多是形意八卦攻手。二人亮相之後，郭尊信用形意拳的炮拳開門，鐵錘似的拳頭帶著風聲呼地朝著鼻梁砸過來。郭振亞輕捷地用八卦閃手躲過，以靜待動，這是他慣用的招法，郭尊信俯身鋪腿，運用下盤功夫，一個燕子抄水就要往外發人；郭振亞用擇步化解了攻勢，旋即進攻。郭尊信用轉身掌中的金龍纏身，化險為夷，反守為攻。郭尊信不去接觸郭振亞的纏手，熟知他善於用背胯摔人。郭振亞的腰功很厲害。用功不用腰，定是藝不高，他很注重腰功。郭尊信用形意拳中的橫拳，郭振亞用穿拳，全部走空，但同時收步，改換轉身掌。

第二場，幾乎全是八卦，防守與進攻並重，用圈、環形打法，手法變化頻繁。郭振亞用獅子搖頭擊向肋部，郭尊信用金龍纏身，變被動為主動。郭振亞用反背蓮花擊打後心，郭尊信用脫身換影，二人成對峙。郭尊信用穿掌、雙撞掌直取胸部，郭振亞用提腿蓮花化險為夷。郭尊信用霸王托鼎，郭振亞用劈掌，來了個力劈華山。

第三場，純用太極散手，似攻非攻，似守非守，這是內力的較量，以柔克剛，憑內力和蓄力戰勝對方。郭振亞

用了病人扶牆的招法調息蓄力。雙方按照太極拳術要訣，頂勁鬆腰，含胸拔背，虛實分明，沉肩墜肘，以意領力，上下相隨，內外結合，動中求靜，蓄力於腳根，發於腿，主宰於腰，貼於脊背，行於手指，自由自在地運用著八卦五行的招式，進行著剛柔相濟的較量。

在這三場對打中，他們把形意的直中曲曲中直的爆發力，八卦的旋轉力，太極的柔中帶剛之力，恰到好處地體現了出來。

三、謙虛謹慎，武德高尚

郭振亞十分謙恭平和，他從父親身上繼承了這一可貴的品德。他不止一次聽父親和別人說過，父親每到一處，都以誠懇謙遜的態度去拜訪武林中人，哪怕是對那些技藝較差的同行，也絕對平等相待。對於父親的這種行為，武林中讚譽頗多。在會議上，經驗交流中，在自由活動的時間和場合，在飯廳裡，郭振亞不僅沒有絲毫的趾高氣揚，而且比誰都隨和，又知禮又殷勤。遇到年邁的長者，他常常去攙扶。共同進餐時，給他們布菜。於是這些長者對他愈加刮目相看，都給他以很高的評價。

郭振亞對前輩同行謙恭，對弟子平和。當地一牛姓朋友，有嚴重的心臟病，醫生說他活不了28歲，每次發作時躺在地上全身抖擻，多方醫治無效，郭振亞見之不忍，教牛習拳健身治病，一路太極沒學完一半身體就好了，此人後對武術產生了極大的興趣，郭振亞又教授了形意拳，由於親自體驗到武術的好處，又帶她女兒來學拳，郭振亞

教了她女兒八卦掌八卦刀，參加比賽還取得了成績。此人驕傲自大，利慾薰心，學藝未成，急於出名，自立門戶，使謬種流傳貽害後人。牛在外面說武功不是郭振亞教的。

郭振亞知道了此事，不怒不氣，一笑了之。此人後不久就去世了，牛家人前來報喪，郭立馬去參加了葬禮。郭振亞常謂弟子說：習武之人以武德為重，有德才得真功，無德無功，有也是暫時的，會失掉的。其武德高尚，虛懷若谷可見一斑。

四、廣播桃李，著書立說

1980年以後，郭振亞在固安、廊坊、滄州、石家莊等地辦武術訓練班，教授數百人。

1982年4月，郭振亞當選為廊坊市武術協會副主席。

1983年6月，河北人民出版社出版了郭振亞的《八卦刀》一書，印數45萬冊。近年來，先後有國內外各省市200餘人拜他為師。他積極培養武林新秀，讓更多的後起之秀雛燕凌空，鵬程萬里，讓郭氏八卦武術之花開遍世界各地，並在更加廣闊的土地上結出碩果。

傳承表

傳承表排名順序不分先後（傳承表為部分弟子名單）

（一代）　董海川

↓

（二代）　劉寶珍

↓

（三代）　郭夢申（又名郭子平）

↓

（四代）　郭振亞　　　王樹田　　　郭振英

　　　　　郭振武　　　郭振文　　　郭尊禮

　　　　　郭尊智　　　郭尊信　　　李自光

　　　　　候德榜　　　郭玉岐　　　李滋敏

　　　　　李申如　　　楊基盤　　　楊國忠

　　　　　王燦芝　　　殷有德　　　黃維林

　　　　　孫惠芳　　　肖應鵬　　　周殿英

　　　　　程丙均　　　張蘭普　　　鄭　林

　　　　　郭連剛　　　葛廣銘　　　郭興臣

　　　　　李毅立（部分弟子名單）

四代郭振亞弟子：（五代）

↓

　　　　　郭　浩　　　郭　勇　　　郭　靜

　　　　　丁新民　　　邵英倫　　　邵豔坡

　　　　　邵豔平　　　馬健劭　　　邵豔麗（女）

郭海濤	馬顯峰	韓豔麗（女）
劉鳳芝（女）	劉學紅（女）	牛紅豔（女）
劉光輝	趙亞新	劉紅海
周保國	張志強	吳連和
周德剛	劉玉海	劉興泉
朱文華	王俊德	李占雲
吳成群	劉玉強	史建軍
劉敬東	畢少醒	任少常
杜英泉	石惠民	高小波
冉明華	冉明杰	汪樹林
王勇為	汪樹新	郭立秋
王耀宗	李桂英（女）	劉煜（女）
王翠平（女）	王立國	王洪濤
宋玉明	黃登澤	黃麗娟（女）
銀系子（女）	陶永田	彭章平
馬俊林	吳劍路	潘洋
林國華	郭光宇	林坤元
王毅（女）	黃維甫	劉臣光
趙曉光	候健國	肖勇
莫元發	張建	何健一
曾其張	馮萬興	洪文躍
馬厚禮	趙華	金亮圭（韓國）
保立（坦尚尼亞）	張至均（新加坡）	保羅（美國）
楊立威（新加坡）	張少東	晃振遠
劉全洲	王勤山	吳學森

金圓學	曾其張	馮萬興
侯福倫	劉勤亮	郭海濤
馬全喜	趙磊	霍春旺
申建偉	萬明元	王明俠
馬子輝	王春虎	鄧鵬
吳秀娟	五樹槐	李鳳和
吳煥朋	陳利民	姚建軍
王建霞	馬立旺	馬立東
趙海財	趙廣路	王麗潔（女）
佟樹民	劉夢龍	王翠平
張志安	王志強	李鳳娟（女）
李東	季源	劉敬東
梁洪奇	張永	王源
劉國新	趙國新	韓亞東
馬金香（女）	李燕燕（女）	韓建梅（女）
張濤	李志超	馬立倩（女）
張岩	馬駿（女）	劉國承
張礌	潘俊嶺	馮立華
孫得召	劉龍海	朱文強
楊金國	董亞良	陳志強
劉海英（女）	鮑浩	舒明
刁亮	佟樹江	侯建國
隆益祥	劉福英（女）	李澤君（女）
鄒磊	馮琦（女）	

郭氏太極拳

四代郭尊信弟子：（五代）

↓

郭　興	郭　策	郭　剛
郭　蔗	楊顯東	楊曉東
郭　敏	郭　芳	郭　丹
李　洋	張　軍	彭亞新
鄧穎輝	邵豔華	馬健輝
冉明華	張耀民	劉春青
李　健	趙立君	張　波
趙永泉	彭建勇	蔣　凱
張廣義	葛海亮	楊岩松
王富偉	郝志誠	王領群
高谷亮	于海洋	

四代王樹田、郭振亞弟子：（五代）

↓

王樹田後代王蓉生	王康寧	王亞莉（**女**）
肖家澤	許成軍	王學賢
翁邦森	項寶輝	彭　頌
雷澤民		

四代郭玉岐、郭振亞弟子：（五代）

↓

黃幼仁	李復元	段大可
盧均雲	賀洪德	楊中和
穆　林	吳　瑜	周祿祥

四代肖應鵬、郭振亞弟子：（五代）

↓

吳信良

四代鄭林弟子：（五代）

↓

鄭建紅

四代郭連剛弟子：郭建忠　　郭素然（女）

五代郭浩弟子：（六代）

↓

郭眾嘉	郭茗菲（女）	郭瀚程
郭文越	郭文卓	郭玉涵
郭儷彤（女）	郭津津（女）	王若雨（女）
李　煊	李志輝	冉　凱
冉　浩	王明君	劉　超
劉哲（女）	劉洪君	劉二為
蔡建超	劉　凱	王彥君
杜海洋	劉　哲	王　偉
張良	徐廣露（女）	徐廣彬
苑士渤	李　杰	白　杰
王健	李　帥	胡樹瑩
高勝男	王　奪	李　娜（女）
田來功	趙　靜（女）	石繼偉
梁超	高延波	焦振陽
胡曉珊（女）	楊海潮	穆海賓
穆海超	穆海龍	楊　洋
李　政	劉　鵬	李肖山（女）

劉衛兵	彭　亮	彭　偉
王　偉	申士芳	張津濤
吳樹一	候　明	洪雅征
洪雅靜（女）	王偉賓	盧　健
關　鑫	杜永濤	畢　碩
孫齊偉	李利偉	張　曼
張曄暄	吳　迪	李　靜
李　爽	張　婧	齊　偉
王紫通	張子軒	張子岩（女）
雄小雅（女）	柏衛國	馬九齡
李靖（女）	齊滿秋（女）	齊善松
趙禹涵		

五代馬厚禮弟子：（六代）

↓

馬玉馨（女）	陳鐘松菡（女）	邵　玥（女）

五代王勤山弟子：（六代）

↓

趙榮芳（女）	王東穎	司　路
孫　甯	李　泊（女）	趙芳榕（女）
宮永忠	羅　建	羅　娜（女）
王　亮	何世雲（女）	孫國輝
王洪波	李宗宇	李莉穎（女）
王探薇（女）	張占同	楊建紅
劉樹國	張廣立	催立紅（女）
王洪增	曹玉寶	韓　芳（女）

張　麗（女）　　郭眾嘉　　　　李淑洪（女）

袁麗娜（女）　　楊立新（女）　　楊立國（女）

傅德惠

五代吳劍路弟子：（六代）

↓

楊恒偉　　　　　李明哲　　　　　郭　顯

劉長龍　　　　　王亞楠　　　　　高長林

劉佰城　　　　　劉智超

五代林國華弟子：（六代）

↓

林鈺軒　　　　　林明軒

五代林坤元弟子：（六代）

↓

林婉祺（女）　　林婉意（女）　　林婉泓（女）

林羽城　　　　　吳基逵　　　　　白　克

姚心櫟（女）　　陳桂洪　　　　　林燦雄

陳發勤　　　　　林佳濱　　　　　黃賢彬

五代趙樺弟子：（六代）

↓

張曙光　　　　　任洪海　　　　　常亞風

常海濤　　　　　劉　虎　　　　　楊存田

張春生　　　　　臧仁舵

五代楊長樹弟子：（六代）

↓

田　佳　　　　　聶　科　　　　　黃東輝

郭氏太極拳

魏　長	洪文飛	謝彥杰
胡思雄	蒯思聰	駱躍中
楊震	寧順根	胡　然
馮小召	溫燕舜	夏樹全
王讞禺	干涵玥（女）	鄧智勇
葉青山	宋雙全	張玉倫
鄧開來	蘇　凱	程　登
肖鈞航	李世長	張　雷
郝星宇	王　麗（女）	孫　瑩（女）
晉　帥	梁弘毅	葉嘉鈞
黃振洪	郭紫明（女）	何季林
喻可欣（女）	楊　海	高　歌
姚祖華	蔣文奇	李東林
龔巧麗（女）	夏恒杰	劉慶全
魏振華	魏奕旭	彭前程

五代何健一弟子：（六代）

↓

何　晴	徐振宗	王正山
朱　超	韋益成	徐衛芬
郎芙蓉	朱文灝	

五代許成鈞弟子：（六代）

↓

王雲松	王　超	楊木易
李　剛	馮勇	董玉林
王澤輝	熊　力	熊　贊

章　偉	江　山	岳振鎖
劉　超	楊萬東	揚萬超
王　澤	大　揚	龍照全
曹登成	東方成	陳宏飛
王　濤	何仡寒（女）	向元鳳（女）
劉　興	游海龍	任天銳
何瑾微（女）	薛松濤（美國）	王　喻（女）
鄧　麗（女）	帥靚婧（女）	葉敬楓
葉　強	尼瑪多杰（藏族）	李沁蕊（女）
王　熙（女）	魯　淵	袁　勳

**五代翁邦森弟子：（六代）

↓

陳　偉	陳　龍	曹　秘
薛永紅	吳雪穎（女）	汪禹彬（女）
萬盛春	王豔紅（紅）	蔡偉俠（女）
武　瀾（女）	張興嶺（女）	周　廷
肖洪平	吳　迪	徐　建
尹練達	楊正華	魏東兵
何　剛	周小我	鄭永峰
郭　燦	王　磊	馬恭福
王忠鵬	姚依林	楊博函
肖　灑	張　斌	馬賢達

五代王學賢及其弟子：（六代）

↓

王　強	羅明蘭（女）	王向寧

陳興建　　　　張秀清（女）　　孫世琳（女）

彭慶華（女）　盧勝斌　　　　任治林

宋玉霞（女）

五代項葆輝弟子：（六代）

↓

劉　勇　　　　孫　林　　　　趙　峰

孔凡軍　　　　尹昌明　　　　宋宏宇

五代李復元弟子：（六代）

↓

聶新明　　　　范時寬

五代段大可弟子：（六代）

↓

盧　軍　　　　馮孟國　　　　周　洪

五代王建弟子：（六代）

↓

李智鵬　　　　羅　浩

五代彭章平弟子：（六代）

↓

王純遠　　　　朱雲波　　　　蒲春蓮（女）

彭貴星

五代黨建國弟子：（六代）

↓

聶華容　　　　羅　劍　　　　林　宏

羅啟剛　　　　冉鵬先　　　　潭　勤

唐小兵　　　　王忠蓮（女）　樊　彬

劉俊能	王志強	王付濤
李建華	陳亞雲	何　兵
邱　勇	陳　平	姚　斌
徐賢勇	韓有為	陳衛東

五代銀系子、郭光宇弟子：（六代）

↓

楊亞涵（女）	郭　放	李泌怡（女）
孫浩嘉	樓上逸	魏麒淩

五代賀洪德弟子：（六代）

↓

金中兵	陸　銳	王海龍
史建軍	唐紅兵	李益鳴
孫軍輝	李松柏	

五代隆益祥弟子：（六代）

↓

隆駿騏	隆正蕉	隆正敏

五代鄒磊弟子：（六代）

↓

孫　虎	鐘永亮	羅鑫宇
黃昱為	鄒傢祺	翁祥峰
許　洋	鐘孟洋	余鎮江
劉　陳		

五代劉福英弟子：（六代）

↓

劉曉麗	鄧春寒

郭氏太極拳

五代李澤君弟子：（六代）

↓

陳　斌　　　　陳宣宇

六代張曙光弟子：（七代）

↓

張　濱　　　　周生廠　　　　黃尊法

鄧興書　　　　邵強軍　　　　范炳岩

杜恒生　　　　催宗魯　　　　張仰華

李長業

部分弟子介紹：

丁新民：

　　中華太極文化國際總部副會長。

　　中國武術家協會副會長，河北武術協會副主席。

　　中國武術家聯誼會副會長，國家武術七段。

　　河北省傳統武術聯合會會長。

　　弟子眾多，弟子們多次在國際大賽中獲金牌。

　　本人多次在國際大賽中獲金牌，在全國影響很大，多次被國外應邀講課。

吳信良：

　　四川省武術協會副主席，峨眉派掌門。

肖家澤：

　　中國武術八段，四川省武術協會副主席。

　　四川省王樹田武學研究會會長。

中國全球功夫網顧問。

峨眉武術聯合總會顧問。

本人多次參加國際武術比賽獲金牌。

何建一：

浙江省專家組成員，國際尚派形意聯合會會長。

浙江省金華市武術協會副主席，國家武術六段。

國家武術段位考評員。

浙江省武術界裁委會主任，副裁判長。

國際武術比賽多次獲金牌，弟子眾多。

林國華：

男，浙江台州人。武當龍門派十九代弟子，道名：圓龍。號：逍遙子。自幼好武慕道，廣涉武、易、醫諸學，畢業於成都體育學院運動醫學系。

武術傳承：武當南宗松溪丹派十三代傳人、武當北派太極拳十三代傳人、郭氏八卦掌第三代傳人。

醫術傳承：武當派點穴、少林派傷科、峨眉派內功術。

榮譽：中華武術金虎六段，中國武術協會會員，國家體育高級指導員，武當拳法研究會特邀研究員，世界骨科聯合會會員。

世界武術錦標賽獲八卦刀、八卦掌銀牌。

全國武術比賽獲八卦刀、八卦掌金牌。

浙江國際武術比賽獲太極拳、八卦掌全能冠軍。

洪文躍：

國際武術比賽多次獲金牌，共8塊金牌。

項目有郭氏八卦掌、八卦刀、八卦劍、八卦雙頭蛇。

郭氏太極拳

楊長樹：

國際武術比賽郭氏八卦掌獲金獎。

黃維浦：

全國及省武術比賽中獲郭氏八卦掌金牌。

許成均：

中國混元形意掌門，四川省武當功法研究會會長。

香港氣功太極名譽會長，國家二級裁判。

馬原禮：

武術6級，江蘇省業餘武術教練，國家二級裁判。

王學賢：

生於1947年，四川成都市人，武術世家，自幼習武，後分別師從丁國基、李孟常學習峨眉派功夫。1972年拜在成都體育學院教授王樹田門下，由於刻苦好學，技藝精進，深受恩師王樹田喜愛，被恩師收為義子，後拜師於郭振亞老師學八卦掌。

習武至今，王學賢參加的各級武術比賽、表演達數百場之多，且均獲得優異成績，所獲獎項甚多。

首任四川省涼山州體委武術教練。四川省西昌市武術協會副主席兼秘書長。現任四川省武術協會委員，四川省武術協會傳統武術委員會委員，四川省武術協會太極拳研究會副會長，成都市武術協會副秘書長，四川省武術協會王樹田武術研究會副會長，國家級社會體育指導員，國家一級武術裁判員，國家一級健身氣功裁判員，多次被國家、省、市、區體育管理部門評為先進個人。1983年被中國武術協會、《中華武術》雜誌社等六單位評選為全國優秀武術輔導員，代表四川省到北京參加全國授獎大會。

　　1984年被四川省體委評選為四川省優秀武術輔導員，參加了四川省體委舉行的頒獎儀式，並受到省委領導的接見。

　　2006年入選《當代中華武術大典》之卷三《當代中華武壇精英名家》，由中國國際武術文化發展研究中心授予「中華武壇精英獎」。在對武術及健身氣功的教授、推廣工作中曾先後被國內數十家媒體報導，在武術工作中，數十次擔任省市武術比賽裁判員、裁判長、總裁判長，秉公執法，深受參賽人員好評。

　　王學賢演藝五十餘載，傳藝四十餘載。長期的實踐經驗，深厚的武學修養，幾十年培養了一大批人才，摸索出了一套行之有效的基層群眾訓練方法。廣泛教授、指導廣大群眾武術愛好者，為全民健身、提高群眾身體素質做出了貢獻。

翁邦森：

　　四川省成都市人。自幼習武，幼年初習少林拳及其他拳種，後拜師於中國著名武術家、成都體育學院武術系教授王樹田門下，系統學習形意拳、八卦掌、太極拳、八極拳、查拳、擒拿等拳術及器械。後拜師於郭振亞老師學八卦掌。在恩師的悉心傳教以及自身的刻苦用功、細心領會下，逐漸悟得拳理精微，拳技大進，尤擅形意拳、八卦掌及其器械，在形意拳、八卦掌及其器械上有較深的造詣。武技的不斷精進也得到了武術界的認可：多次在省、市、地區武術比賽中獲得第一名、一等獎、特等獎，在各種大型武術表演中榮獲優秀獎、特別獎等；多次受到各大電視臺及媒體的關注、採訪和報導；被載入《當代中華武術大典》（第三卷）、《當代中華武壇精英名錄》及《中國武當武術家大辭典》；被國家體育總局、中國武術管理中

心、中國武術協會授予「中國武術六段」、「國家級社會體育指導員」稱號，國家一級健身氣功輔導教練員，國家一級武術裁判；多次在市、地區武術比賽中擔任裁判工作。現為四川省武術協會傳統武術工作委員會委員，四川王樹田武學研究會副會長，成都市錦江區武術協會主席。形意拳河北派系（四川）第十代傳人，八卦掌（四川）第五代傳人。

項葆輝：

　　1956年生於成都，中國武術六段。

　　自幼喜愛武術。1980年在成都體育學院得到其岳父王樹田先生（中國著名武術家、中國武林百傑、成都體育學院武術教授）親自傳授，後拜師於郭振亞老師學八卦掌。曾學習過多種傳統武術，如：長拳及刀、槍、劍、棍和傳統六合通背拳、羅漢拳、峨眉練步拳、八極拳、查拳、南拳、八卦掌、八卦連環拳、八卦龍形劍、八卦散手刀、形意拳（五行拳、十二形、十二洪捶、雜式捶及五花炮、安身炮對練）、太極拳、雙刀、樸刀、六合槍、九節鞭等套路，還曾練過太極推手、八極拳對練、武當劍對練、擒拿對練、摔跤及散打。

　　1986年任四川峨眉功夫館教練；1994年任成都武侯區武術協會委員；1999年任仁壽縣東威武術館總教練；2000年任成都天輝武術館副館長兼總教練；2003年任四川峨眉山武術研習總部總教練；2005年榮獲中國武當武術十佳武術名家，並載入《中國武當武術家大辭典》，同年12月參加四川省傳統武術比賽獲得成年組短器械金牌、拳術銀牌；2008年任新繁龍門武術館總教練。現任四川省武術協會王樹田武學研究會常務委員。

後　記

　　《郭氏八卦掌》，擱筆完稿，不禁感慨萬端，五十年前隨父習拳之情景，浮現眼前，猶如昨日……

　　習武之道無非強身健體，防身自衛，未曾想到今日能著書立說，彪炳千秋。

　　三十年前，父將本門八卦掌譜和劉寶珍師爺傳留之八卦刀交付於我，囑我繼承發揚光大本門武功，有機會將掌法著書立說。文化大革命期間，掌譜被毀，後為生計終日忙於奔波，寫書之事無暇顧及。

　　上世紀80年代獲得全國武術比賽多次金獎後，世人才初識八卦門尚留吾宗系之雅藝。

　　今八卦掌已列入國家非遺項目，又以武夫而成就如此著作，不能不歸功於國家政策的英明和已逝前輩的英靈光照。

　　後記將完，謹此說明：圖照部分係吾老態與子郭浩雛姿；對練套路係子郭昊、郭勇與弟子劉玉海、劉光輝、林國華等眾弟子們合作完成；由於條件所限，某些圖照尚有不理想之處，望讀者鑒諒。

郭振亞

國家圖書館出版品預行編目資料

郭氏八卦掌／郭振亞　郭　浩　著
——初版——臺北市，大展，2019〔民108.01〕
　　面；21公分——（中華傳統武術；28）
ISBN 978-986-346-235-4　（平裝）
1. 拳術　2. 器械武術　3. 中國
528.972　　　　　　　　　　　107019717

郭氏八卦掌

著　　　者／郭　振　亞・郭　浩
責任編輯／楊　丙　德
發 行 人／蔡　森　明
出 版 者／大展出版社有限公司
社　　　址／台北市北投區（石牌）致遠一路2段12巷1號
電　　　話／(02) 28236031・28236033・28233123
傳　　　真／(02) 28272069
郵政劃撥／01669551
網　　　址／www.dah-jaan.com.tw
E-mail／service@dah-jaan.com.tw
登 記 證／局版臺業字第2171號
承 印 者／傳興印刷有限公司
裝　　　訂／眾友企業公司
排 版 者／千兵企業有限公司
授 權 者／山西科學技術出版社
初版1刷／2019年（民108）1月

定　價／350元

大展好書　好書大展
品嘗好書　冠群可期